SETA

A cura di: Lisbeth Thybo
Illustrazioni: Karen Borch

EDIZIONE SEMPLIFICATA AD USO
SCOLASTICO E AUTODIDATTICO

Le strutture ed i vocaboli usati in questa edi-
zione sono tra i più comuni della lingua ita-
liana e sono stati scelti in base ad una com-
parazione tra le seguenti opere: Bartolini,
Tagliavini, Zampolli – Lessico di frequenza
della lingua italiana comtemporanea. Con-
siglio D'Europa – Livello soglia, Brambilla e
Crotti – Buongiorno! (Klett), Das VHS
Zertifikat, Cremona e altri – Buongiorno
Italia! (BBC), Katerinov e Boriosi Katerinov
– Lingua e vita d'Italia (Ed. Scol. Bruno
Mondadori).

Redatore: Ulla Malmmose

Design della copertina: Mette Plesner

Easy Readers EGMONT

Stampato in Danimarca da
Sangill Grafisk Produktion, Holme Olstrup

Alessandro Baricco è nato a Torino nel 1958.

Ha pubblicato romanzi di grande successo tradotti in tutto il mondo:
Castelli di sabbia, 1991 (Premio Selezione Campiello, Prix Medicis étranger)
Oceano mare, 1993 (Premio Viareggio)
Seta, 1996
City, 1999
Senza sangue, 2002

Teatro:
Novecento, 1994 (racconto/monologo dal quale è stato tratto un film)
Davila Roa, 1996
L'Iliade di Omero, 2004

Saggi di critica musicale:
Il genio in fuga, il Melangolo 1998, 1997
L'anima di Hegel e le mucche del Wisconsin, 1992

Raccolta di articoli:
Barnum, Cronache dal Grande Show, 1995
Barnum 2, Altre cronache dal Grande Show, 1998
Next, breve saggio dedicato al tema della globalizzazione, 2002
Totem & Reading, 1999, 2000, 2002, 2003

Ha collaborato a trasmissioni della televisione e della radio italiane. Nel 1994 fonda a Torino, insieme a un gruppo di amici, la Scuola di Scrittura "Holden", dedicata alle tecniche narrative, dove tuttora insegna.

1.

Anche se suo padre aveva immaginato per lui un *bril-lante* avvenire nell'esercito, Hervé Joncour aveva fini-to per guadagnarsi da vivere con un mestiere *insolito*.

Per vivere, Hervé Joncour comprava e vendeva *bachi da seta*.   5

baco da seta

Era il 1861. *Flaubert* stava scrivendo **Salammbô**, *l'il-luminazione* elettrica era ancora un'*ipotesi* e *Abramo Lincoln* stava combattendo una guerra dall'altra parte   10
dell'*Oceano*.

Hervé Joncour aveva 32 anni.

Comprava e vendeva.

Bachi da seta.

brillante, di successo
insolito, non solito
Gustave Flaubert, scrittore (chi scrive libri) francese 1821–1880
illuminazione, l'illuminare
ipotesi, una cosa o un' idea non ancora realizzata
Abramo Lincoln, Abraham Lincoln (1809-1865), sedicesimo presidente
dell'America
Oceano, mare grande che divide due continenti

2.

Hervé Joncour comprava e vendeva i bachi quando il loro essere bachi consisteva nell'essere *minuscole* uova, di color giallo o grigio. Solo sul *palmo di una mano* se ne potevano tenere a migliaia.

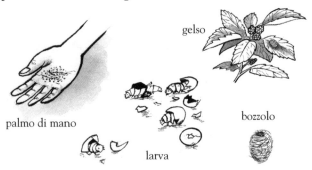

gelso

palmo di mano

bozzolo

larva

5   "Quel che si dice avere in mano una fortuna."
    Ai primi di maggio le uova si *schiudevano*, liberando una *larva* che dopo trenta giorni a base di foglie di *gelso*, provvedeva a rinchiudersi nuovamente in un *bozzolo*, per poi *evaderne* due settimane più tardi lasciando
10 dietro di sé un *patrimonio* che in *seta* faceva mille metri di filo e in denaro un bel numero di *franchi* francesi: ammesso che tutto ciò accadesse nel rispetto delle regole e, come nel caso di Hervé Joncour, in una qualche regione della Francia meridionale.

minuscolo, molto piccolo
schiudersi, aprirsi, dischiudersi
evadere, fuggire
patrimonio, grande quantità di denaro oppure grandi proprietà
seta, stoffa preziosa prodotta dai bachi da seta
franco, moneta francese

Lavilledieu era il nome del paese in cui Hervé Joncour viveva.

Hélène quello di sua moglie.

Non avevano figli.

3.

Per evitare i danni delle *epidemie* che sempre più spesso *affliggevano* gli *allevamenti* europei, Hervé Joncour si spingeva ad acquistare le uova di baco oltre il *Mediterraneo*, in Siria e in Egitto. Ogni anno, ai primi di gennaio, partiva. Attraversava milleseicento *miglia* di mare e ottocento chilometri di terra. Sceglieva le uova, trattava sul prezzo, le acquistava. Poi si voltava, attraversava ottocento chilometri di terra e milleseicento miglia di mare e rientrava a Lavilledieu, di solito la prima domenica di aprile, di solito in tempo per la Messa grande.

Lavorava ancora due settimane per *confezionare* le uova e venderle.

Per il resto dell'anno riposava.

---

epidemia, malattia che in breve tempo colpisce molte persone
affliggere, colpire
allevamento, qui: il far crescere i bachi da seta
Mediterraneo, il Mare Mediterraneo
miglio di mare, unità di misura pari a 1852 m
confezionare, mettere in carta o scatole

4.

Com'è l'Africa? –, gli chiedevano.

– Stanca.

Aveva una grande casa subito fuori del paese e un piccolo laboratorio, in centro, proprio di fronte alla
5   casa abbandonata di Jean Berbeck.

Jean Berbeck aveva deciso un giorno di non parlare mai più. Mantenne la promessa. La moglie e le due figlie lo abbandonarono. Lui morì. La sua casa non la volle nessuno, così adesso era una casa abbandonata.

10   Comprando e vendendo bachi da seta, Hervé Joncour guadagnava ogni anno una cifra sufficiente per assicurare a sé e a sua moglie quelle *comodità* che in provincia si è *inclini* a considerare lussi. Godeva dei suoi averi. Era uno di quegli uomini che amano assistere alla
15   propria vita.

Si sarà notato che essi osservano il loro destino nel modo in cui, i più, sono soliti osservare una giornata di pioggia.

5.

Hervé Joncour era sicuro che la sua vita poteva conti-
20   nuare così per sempre. All'inizio degli anni Sessanta, tuttavia, l'epidemia di *pebrina* si *diffuse* oltre il mare, raggiungendo l'Africa e, secondo alcuni, perfino l'In-

---

comodità, ciò che è comodo
incline, disposto
pebrina, malattia del baco da seta
diffondersi, allargarsi

dia. Hervé Joncour tornò dal suo *abituale* viaggio, nel 1861, con una *scorta* di uova che si dimostrò, due mesi dopo, quasi tutta *infetta*. Per Lavilledieu, come per tante altre città che fondavano la propria ricchezza sulla produzione della seta, quell'anno sembrò rappresentare 5 l'inizio della fine. La scienza si dimostrava incapace di comprendere le cause delle epidemie. E tutto il mondo, fin nelle sue regioni più lontane, sembrava *prigioniero* di quel mistero senza spiegazioni.

– Quasi tutto il mondo –, disse piano Baldabiou. – 10 Quasi –, versando due dita di acqua nel suo *Pernod*.

6.

Baldabiou era l'uomo che vent'anni prima era entrato in paese, aveva puntato diritto all'ufficio del sindaco, era entrato senza farsi annunciare, gli aveva appoggiato sulla *scrivania* una *sciarpa* di seta, e gli aveva chiesto 15
– Sapete cos'è questa?
– Roba da donna.
Sbagliato. Roba da uomini: denaro.
Il sindaco lo fece sbattere fuori. Lui costruì una *filanda*, giù al fiume, un *capannone* per l'allevamento di 20 bachi, vicino al bosco, e una chiesetta dedicata a

abituale, solito
scorta, quantità di qualcosa messa da parte per il futuro
infetto, colpito da malattia
prigioniero, chi è in prigione
Pernod, liquore francese
scrivania, vedi illustrazione, pag. 10
sciarpa, vedi illustrazione, pag. 10
filanda, fabbrica dove si lavora il filo della seta
capannone, qui: vasta costruzione dove si coltivano i bachi da seta

Sant'Agnese. Assunse una trentina di lavoranti, fece arrivare dall'Italia una macchina di legno, e non disse più nulla per sette mesi. Poi tornò dal sindaco, appoggiandogli sulla scrivania, ben ordinati, trentamila fran-
5 chi in *banconote*.

– Sapete cosa sono questi?

– Soldi.

– Sbagliato. Sono la prova che voi siete un *coglione*.

banconota, p. es. biglietto da 100 Euro
coglione, qui: una persona antipatica e stupida

10

Poi li riprese, li infilò nella borsa e fece per andarsene.
Il sindaco lo fermò.

– Cosa diavolo dovrei fare?

– Niente: e sarete il sindaco di un paese ricco.

Cinque anni dopo Lavilledieu aveva sette filande ed 5
era diventato uno dei principali centri europei di *bachi-coltura* e *filatura* della seta. Non era tutto di Baldabiou.
Altri della zona l'avevano seguito in quella curiosa
avventura. A ciascuno, Baldabiou aveva *svelato*, senza
problemi, i segreti del mestiere. Questo lo divertiva 10
molto più che fare soldi. Insegnare. E avere segreti da
raccontare. Era un uomo fatto così.

7.

Baldabiou era, anche, l'uomo che otto anni prima aveva cambiato la vita di Hervé Joncour. Erano i tempi in
cui le prime epidemie avevano iniziato a rovinare la 15
produzione europea di uova di baco. Baldabiou aveva
studiato la situazione. Aveva un'idea, gli mancava l'uomo giusto. Si accorse di averlo trovato quando vide
Hervé Joncour passare davanti al caffè di Verdun, elegante nella sua divisa da militare. Aveva 24 anni, allo- 20
ra. Baldabiou lo invitò a casa sua, gli mostrò un *atlante*
pieno di nomi *esotici* e gli disse

– Auguri. Hai finalmente trovato un lavoro serio,

---

bachicoltura, allevamento dei bachi da seta
filatura, la produzione del filo di seta
svelare, qui: mostrare
atlante, libro di carte geografiche
esotico, che è di paesi lontani

ragazzo.

Hervé Joncour stette a sentire tutta una storia che parlava di bachi, di uova, e di viaggi in nave. Poi disse

– Non posso.

– Perché?

– Fra due giorni devo tornare a Parigi.

– Carriera militare?

– Sì. Così ha voluto mio padre.

– Non è un problema.

Prese Hervé Joncour e lo portò dal padre.

– Sapete chi è questo? –, gli chiese dopo essere entrato nel suo studio senza farsi annunciare.

– Mio figlio.

– Guardate meglio.

Il sindaco rispose:

– Mio figlio Hervé, che fra due giorni tornerà a Parigi, dove lo attende una brillante carriera nel nostro esercito, se Dio e Sant'Agnese vorranno.

– Esatto. Solo che Dio è occupato *altrove* e Sant'Agnese odia i militari.

Un mese dopo Hervé Joncour partì per l'Egitto. Viaggiò su una nave che si chiamava Adel. Nelle *cabine* arrivava l'odore di cucina, la sera del terzo giorno videro dei *delfini*.

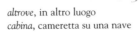

delfino

altrove, in altro luogo
cabina, cameretta su una nave

Tornò due mesi dopo – la prima domenica di aprile, in tempo per la Messa grande – con migliaia di uova tenute in due grandi scatole di legno. Aveva un sacco di cose da raccontare. Ma quel che gli disse Baldabiou, quando rimasero soli, fu   5
  – Dimmi dei delfini.
  – Dei delfini?
  – Di quando li hai visti.
Questo era Baldabiou.
Nessuno sapeva quanti anni avesse.   10

8.

– Quasi tutto il mondo –, disse piano Baldabiou. – Quasi –, versando due dita di acqua nel suo Pernod.
  Notte d'agosto dopo mezzanotte. A quell'ora, di solito, Verdun aveva già chiuso da un pezzo. Le sedie erano rovesciate, in ordine, sui tavoli. Il *bancone* l'aveva   15
pulito, e tutto il resto. Non c'era che spegnere le luci, e chiudere. Ma Verdun aspettava: Baldabiou parlava.
  Seduto di fronte a lui, Hervé Joncour, con una sigaretta spenta tra le *labbra*, ascoltava, *immobile*. Come otto anni prima, lasciava che quell'uomo gli riscrivesse   20
il destino. La sua voce gli arrivava debole e chiara. Non si fermò per minuti e minuti. L'ultima cosa che disse fu
  – Non c'è scelta. Se vogliamo sopravvivere, dobbiamo arrivare laggiù.   25
  Silenzio.

bancone, vedi illustrazione, pag. 14
labbro, vedi illustrazione, pag. 14
immobile, che non si muove

labbra

bancone

bastone

Verdun, appoggiato al bancone, alzò lo sguardo verso i due.

Baldabiou si impegnò a trovare ancora Pernod, nel fondo del bicchiere.

5   Hervé Joncour posò la sigaretta sul bordo del tavolo prima di dire

– E dove sarebbe, di preciso, questo Giappone?

Baldabiou alzò il suo *bastone* puntandolo oltre i tetti di Saint-August.

– Sempre dritto di là.

Disse.

– Fino alla fine del mondo.

5

9.

A quei tempi il Giappone era, in effetti, dall'altra parte del mondo. Era un'isola fatta di isole, e per duecento anni era vissuta completamente separata dal resto dell'umanità, rifiutando qualsiasi contatto con il *continente* e vietando l'ingresso a qualsiasi straniero. La costa *cinese distava* quasi duecento miglia, ma una legge *imperiale* aveva provveduto a renderla ancora più lontana, proibendo in tutta l'isola la costruzione di *barche* grandi. La legge non vietava di lasciare il paese: ma condannava a morte quelli che tentavano di tornare. I *mercanti* cinesi, olandesi e inglesi avevano cercato di rompere quell'assurdo *isolamento*, ma avevano ottenuto soltanto di metter su una pericolosa *rete* di *contrabbando*. Ci avevano guadagnato pochi soldi, molti guai e alcune *leggende*, buone da vendere nei porti, la sera.

10

15

20

continente, Africa, Asia e Europa sono continenti
cinese, della Cina
distare, essere lontani da un punto
imperiale, qui: dell'imperatore, del Giappone
barca, nave piccola
mercante, chi esercita commercio, commerciante
isolamento, l'effetto dell'isolare
rete, qui: attività
contrabbando, commercio di cose rubate
leggenda, storia non vera

Dove loro avevano *fallito*, ebbero successo, grazie alla forza delle armi, gli americani. Nel luglio 1853 Matthew C. Perry entrò nel mare di Yokohama con navi moderne, e consegnò ai giapponesi un *ultimatum*
5 in cui si "chiedeva" l'apertura dell'isola agli stranieri.

I giapponesi non avevano mai visto prima una nave capace di risalire il mare in direzione opposta al vento.

Quando, sette mesi dopo, Perry tornò per ricevere la risposta al suo ultimatum, il governo militare dell'isola
10 si piegò a firmare un accordo in cui si decideva l'apertura agli stranieri di due porti nel nord del Paese, e l'inizio di alcuni primi, rapporti commerciali. Il mare intorno a quest'isola – dichiarò Perry – è da oggi molto meno profondo.

10.

15 Baldabiou conosceva tutte queste storie. Soprattutto conosceva una leggenda che tornava nei racconti di chi, laggiù, era stato. Diceva che in quell'isola producevano la più bella seta del mondo. Lo facevano da più di mille anni, secondo abitudini e segreti. Quel che
20 Baldabiou pensava era che non si trattasse di una leggenda, ma della pura e semplice verità. Una volta aveva tenuto tra le dita un *velo tessuto* con filo di seta giapponese. Era come tenere tra le dita il nulla. Così, quando tutto sembrò andare male per quella storia della
25 pebrina e delle uova malate, quel che pensò fu:

fallire, non avere successo
ultimatum, p. es. le ultime condizioni per evitare una guerra
velo, stoffa, tessuto molto fine

tessere

– Quell'isola è piena di bachi. E un'isola in cui per duecento anni non è riuscito ad arrivare un mercante cinese, è un'isola in cui nessuna malattia arriverà mai.

Non si limitò a pensarlo: lo disse a tutti i *produttori* di seta di Lavilledieu, dopo averli invitati al caffè di 5 Verdun. Nessuno di loro aveva mai sentito parlare del Giappone.

---

produttore, qui: chi produce seta

– Dovremmo attraversare il mondo per andarci a comprare delle uova come Dio comanda in un posto in cui se vedono uno straniero lo uccidono?

– Lo uccidevano –, disse Baldabiou.

Non sapevano cosa pensare.

– Ci sarà una ragione se nessuno al mondo ha pensato di andare a comprare le uova laggiù.

Baldabiou poteva *bluffare* ricordando che nel resto del mondo non c'era nessun altro Baldabiou. Ma preferì dire le cose come stavano.

– I giapponesi vendono la loro seta. Ma le uova, quelle no. E se provi a portarle fuori da quell'isola, quel che fai è un delitto.

11.

Era il 1861. Flaubert stava finendo Salammbô, l'illuminazione elettrica era ancora un'ipotesi e Abramo Lincoln, dall'altra parte dell'Oceano, stava combattendo una guerra. I *bachicultori* di Lavilledieu si unirono e raccolsero la cifra, necessaria al viaggio. A tutti sembrò giusto affidarlo a Hervé Joncour. Quando Baldabiou gli chiese di accettare, lui rispose con una domanda.

– E dove sarebbe, di preciso, questo Giappone?

Sempre dritto di là. Fino alla fine del mondo.

Partì il 6 ottobre. Da solo

Alle porte di Lavilledieu strinse a sé la moglie Hèléne e le disse semplicemente

– Non devi avere paura di nulla.

---

bluffare, dire una cosa per un'altra
bachicultore, chi alleva bachi, allevatore di bachi

18

Era una donna alta, si muoveva lentamente, aveva lunghi capelli neri che non raccoglieva mai sul capo. Aveva una voce bellissima.

12.

Hervé Joncour partì con ottantamila franchi in oro e i nomi di tre uomini: un cinese, un olandese e un giapponese. *Varcò* il confine vicino a Metz, attraversò il Württemberg e la *Baviera*, entrò in Austria, raggiunse in treno Vienna e Budapest per poi *proseguire* fino a Kiev. *Percorse* a cavallo duemila chilometri di *steppa russa*, superò gli Urali, entrò in Siberia, viaggiò per quaranta giorni fino a raggiungere il lago Bajkal, che la gente del luogo chiamava: mare. Scese di nuovo lungo il corso del fiume Amur, lungo il confine cinese fino all'Oceano, e quando arrivò all'Oceano si fermò nel porto di Sabirk per undici giorni, finché una nave di *contrabbandieri* olandesi non lo portò a Capo Teraya, sulla costa ovest del Giappone. A piedi, percorrendo strade *secondarie*, attraversò le province di Ishikawa, Toyama, Niigata, entrò in quella di Fukushima e raggiunse la città di Shirakawa, la *aggirò* sul lato est, aspettò due giorni un uomo vestito di nero che lo *bendò*

varcare, passare oltre
Baviera, regione tedesca (Bayern)
proseguire, continuare
percorrere, compiere, attraversare
steppa russa, vedi illustrazione, pag. 20
contrabbandiere, chi fa contrabbando
secondario, non principale
aggirare, girare intorno
bendare, vedi illustrazione, pag. 21

steppa russa

e lo portò in un *villaggio* sulle colline dove trascorse una notte e il mattino dopo trattò l'*acquisto* delle uova con un uomo che non parlava e che aveva il volto coperto

villaggio, piccolo centro abitato
acquisto, il comprare

da un velo di seta. Nera. Al *tramonto* nascose le uova tra i *bagagli*, voltò le spalle al Giappone, e si *accinse* a prendere la via del ritorno.

Aveva appena lasciato le ultime case del paese quando un uomo lo raggiunse, correndo, e lo fermò. Gli disse qualcosa, poi lo riaccompagnò indietro. 5

Hervé Joncour non parlava giapponese, né era in grado di comprenderlo. Ma capì che Hara Kei voleva vederlo.

bendare —

tramonto, fine del giorno
bagaglio, ciò che si porta con sé in viaggio
accingersi a, prepararsi a

21

13.

Hervé Joncour entrò. Hara Kei era seduto per terra, nell'angolo più lontano della stanza. Indossava una *tunica scura*. Unico segno del suo potere, una donna sdraiata accanto a lui, la testa appoggiata sul suo *grembo*, gli occhi chiusi, le braccia nascoste sotto l'ampio
5 vestito rosso. Lui le passava lentamente una mano nei capelli.

Hervé Joncour attraversò la stanza, aspettò un segno dell'ospite, e si sedette di fronte a lui. Rimasero in silenzio, a guardarsi negli occhi. Arrivò un servo e posò
10 davanti a loro due *tazze* di tè. Poi sparì nel nulla. Allora Hara Kei iniziò a parlare, nella sua lingua. Hervé Joncour ascoltava. Teneva gli occhi fissi in quelli di Hara Kei e solo per un istante, quasi senza accorgersene, li *abbassò* sul volto della donna.
15 Era il volto di una ragazzina.

Li rialzò.

Hara Kei si interruppe, *sollevò* una delle tazze di tè, la portò alle labbra, lasciò passare qualche istante e disse

– Provate a dirmi chi siete.
20 – Lo disse in francese, con una voce profonda e vera.

14.

All'uomo più *imprendibile* del Giappone, al padrone di tutto ciò che il mondo riusciva a portare via da quell'i-

---

scuro, colore non chiaro
abbassare, portare verso il basso
sollevare, alzare poco
imprendibile, che non si può "comprare" o corrompere

22

grembo

tazza

tunica

sola, Hervé Joncour provò a raccontare chi era. Lo fece nella propria lingua, parlando lentamente, senza sapere se Hara Kei fosse in grado di capire, riferendo tutto ciò che era vero, semplicemente. Hara Kei ascoltava, senza che l'ombra di un'espressione *scomponesse* i tratti del suo volto. Teneva gli occhi fissi sulle labbra di Hervé Joncour, come se fossero le ultime righe di una lettera d'addio. Nella stanza era tutto così silenzioso e immobile che parve un *evento immane* ciò che accadde all'improvviso, e che pure fu un nulla.

5

10

---

scomporre, qui: fare rivelare i propri sentimenti
evento, un fatto che accade
immane, enorme

D'un tratto,
senza muoversi minimamente,
quella ragazzina,
aprì gli occhi.

5 Hervé Joncour non smise di parlare ma abbassò lo sguardo su di lei e quel che vide, senza smettere di parlare, fu che quegli occhi non avevano un *taglio orientale*, e che erano puntati, *con intensità* su di lui: come se fin dall'inizio non avessero fatto altro. Hervé Joncour girò

10 lo sguardo altrove, con tutta la naturalezza di cui fu capace, cercando di continuare il suo racconto senza che nulla, nella sua voce, apparisse *differente*. Si interruppe solo quando gli occhi gli caddero sulla tazza di tè, posata per terra, davanti a lui. La prese con una mano,

15 la portò alle labbra, e bevve lentamente. Ricominciò a parlare, mentre la posava di nuovo davanti a sé.

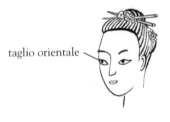

taglio orientale

15.

La Francia, i viaggi per mare, il profumo dei gelsi a Lavilledieu, i treni, la voce di Hélène. Hervé Joncour continuò a raccontare la sua vita, come mai, nella sua

con intensità, caratteristica di ciò che è intenso
differente, diverso

24

vita, aveva fatto. Quella ragazzina continuava a fissarlo. La stanza sembrava ormai essere *scivolata* in un'*immobilità* senza ritorno quando d'improvviso, e in modo assolutamente silenzioso, lei spinse una mano fuori dal vestito, facendola scivolare sulla *stuoia*, davanti a sé. 5
Hervé Joncour la vide *sfiorare* la tazza di tè di Hara Kei e poi, assurdamente, continuare a scivolare fino a stringere senza esitare l'altra tazza, che era la tazza in cui lui aveva bevuto, sollevarla leggermente e portarla via con sé. Hara Kei non aveva smesso per un attimo di fissare 10
senza espressione le labbra di Hervé Joncour.

La ragazzina sollevò leggermente il capo.

Per la prima volta staccò gli occhi da Hervé Joncour e li posò sulla tazza.

Lentamente, la girò fino ad avere sulle labbra il pun- 15
to preciso in cui aveva bevuto lui.

Socchiudendo gli occhi, bevve il tè.

Allontanò la tazza dalle labbra.

La fece riscivolare dove l'aveva raccolta.

Fece sparire la mano sotto il vestito. 20

Tornò ad appoggiare la testa sul grembo di Hara Kei.

Gli occhi aperti, fissi in quelli di Hervé Joncour.

scivolare, scorrere leggermente e rapido
immobilità, essere immobili
stuoia, piccolo tappeto
sfiorare, toccare leggermente
socchiudere, chiudere non completamente

16.

Hervé Joncour parlò ancora a lungo. Si interruppe solo quando Hara Kei staccò gli occhi da lui e fece un segno col capo.

Silenzio.

In francese con voce profonda e vera, Hara Kei disse
– Se vorrete, mi piacerà vedervi tornare.

Per la prima volta sorrise.

– Le uova che avete con voi sono uova di pesce, valgono poco più di niente.

Hervé Joncour abbassò lo sguardo. C'era la sua tazza di tè, di fronte a lui. La prese e incominciò a girarla, e a osservarla, come se stesse cercando qualcosa, sul filo *colorato* del suo bordo. Quando trovò ciò che cercava, vi appoggiò le labbra, e bevve fino in fondo. Poi ripose la tazza davanti a sé e disse
– Lo so.

Hara Kei rise divertito.

– E' per questo che avete pagato con dell'oro falso?
– Ho pagato quello che ho comprato.

Hara Kei ridiventò serio.

– Quando uscirete di qui avrete ciò che volete.
– Quando uscirò da quest'isola vivo, riceverete l'oro che vi *spetta*. Avete la mia parola.

Hervé Joncour non aspettò nemmeno la risposta. Si alzò, fece qualche passo indietro, poi si *inchinò*.

L'ultima cosa che vide, prima di uscire, furono gli occhi di lei, fissi nei suoi, perfettamente *muti*.

colorare, dare colore a qualcosa
spettare, appartenere per diritto
inchinarsi, piegarsi, chinarsi
muto, senza parlare

17.

Sei giorni dopo Hervé Joncour si *imbarcò*, a Takaoka, su una nave di contrabbandieri olandesi che lo portò a Sabirk. Da lì risalì il confine cinese fino al lago Bajkal, attraversò quattromila chilometri di terra siberiana, superò gli Urali, raggiunse Kiev e in treno percorse tutta l'Europa, da est a ovest, fino ad arrivare, dopo tre 5 mesi di viaggio, in Francia. La prima domenica di aprile – in tempo per la Messa grande – giunse alle porte di Lavilledieu. Si fermò, ringraziò *Iddio*, ed entrò nel paese a piedi, contando i suoi passi, perché ciascuno avesse un nome, e per non dimenticarli mai più. 10

– Com'è la fine del mondo? – gli chiese Baldabiou.

– *Invisibile.*

Alla moglie Hélène portò in regalo una tunica di seta che ella, per *pudore* non indossò mai. Se la tenevi tra le dita, era come stringere il nulla. 15

18.

Le uova che Hervé Joncour aveva portato dal Giappone – attaccate a centinaia su piccoli fogli di *corteccia* di gelso – si rivelarono perfettamente sane. La produzione di seta, nella zona di Lavilledieu, fu quell'anno straordinaria, per quantità e qualità. Si decise l'apertura di 20

imbarcarsi, salire a bordo di una nave
Iddio, Dio
invisibile, che non si può vedere
pudore, naturale sentimento di rispetto e riserbo
corteccia, la parte protettiva ed esterna dell'albero

chiostro

altre due filande, e Baldabiou fece costruire un *chiostro* accanto alla chiesetta di sant'Agnese. Non è chiaro perché, ma lo aveva immaginato rotondo, così ne affidò il progetto a un architetto spagnolo che si chiamava Juan Benitez, e che godeva di una certa *notorietà* nel

5

notorietà, l'essere famosi

28

lavorare alle Plazas de Toros.

– Naturalmente niente *sabbia*, in mezzo, ma un giar-
dino. E se fosse possibile teste di delfino, al posto di
quelle di *toro*, all'ingresso.

– Delfino, señor? 5

toro

portico

– Hai presente il pesce, Benitez?

Hervé Joncour fece due conti e si scoprì ricco.
Acquistò trenta *acri* di terra, a sud della sua *proprietà*, e
occupò i mesi dell'estate a disegnare un parco. Lo
immaginava invisibile come la fine del mondo. Ogni 10
mattina si spingeva fin da Verdun, dove ascoltava le
storie del paese e leggeva i giornali arrivati da Parigi.
La sera rimaneva a lungo, sotto il *portico* della sua casa,
seduto accanto alla moglie Hélène. Lei leggeva un
libro, ad alta voce, e questo lo rendeva felice perché 15
pensava non ci fosse voce più bella di quella, al mondo.

Compì 33 anni il 4 settembre 1862. Pioveva la sua
vita, davanti ai suoi occhi, spettacolo quieto.

---

sabbia, la sabbia si trova sulle spiagge
acro, misura di superficie, pari a 4046,856 m^2
proprietà, bene che si possiede

19.

– Non devi avere paura di nulla.

Poiché Baldabiou aveva deciso così, Hervé Joncour ripartì per il Giappone il primo giorno d'ottobre. Varcò il confine francese vicino a Metz, attraversò il Württem-
5 berg e la Baviera, entrò in Austria, raggiunse in treno Vienna e Budapest per poi proseguire fino a Kiev. Percorse a cavallo duemila chilometri di steppa russa, superò gli Urali, entrò in Siberia, viaggiò per quaranta giorni fino a raggiungere il lago Bajkal, che la gente del luogo
10 chiamava: il *demonio*. Scese di nuovo lungo il corso del fiume Amur, *costeggiando* il confine cinese fino all'Oceano, e quando arrivò all'Oceano si fermò nel porto di Sabirk per undici giorni, finché una nave di contrabbandieri olandesi non lo portò a Capo Teraya, sulla costa
15 ovest del Giappone. A piedi, percorrendo strade secondarie, attraversò le province di Ishikawa, Toyama, Niigata, entrò in quella di Fukushima e raggiunse la città di Shirakawa, la aggirò sul lato est e aspettò due giorni un uomo vestito di nero che lo bendò e lo portò al villaggio
20 di Hara Kei. Quando poté riaprire gli occhi si trovò davanti due servi che gli presero il bagaglio e lo condussero fino ad un bosco dove gli indicarono un *sentiero* e lo lasciarono solo. Hervé Joncour prese a camminare nell'ombra che gli alberi, intorno e sopra di lui, tagliavano
25 via dalla luce del giorno. Si fermò soltanto quando d'improvviso la *vegetazione* si aprì, per un istante, come una

demonio, diavolo
costeggiare, qui: viaggiare lungo il confine
sentiero, piccola strada stretta p. es. in un bosco
vegetazione, insieme di piante e fiori

finestra, sul bordo del sentiero. Si vedeva un lago, una trentina di metri più in basso. E sulla riva del lago seduti per terra, di spalle, Hara Kei e una donna in un abito color arancio, i capelli sciolti sulle spalle. Nell'istante in cui Hervé Joncour la vide, lei si voltò, lentamente e per 5 un attimo, giusto il tempo di *incrociare* il suo sguardo.

I suoi occhi non avevano un taglio orientale, e il suo volto era il volto di una ragazzina.

Hervé Joncour riprese a camminare, nel bosco, e quando ne uscì si trovò sul bordo del lago. Pochi passi 10 davanti a lui, Hara Kei, solo, di spalle, sedeva immobile, vestito di nero. Accanto a lui c'era un abito color arancio, abbandonato in terra, e due *sandali*. Hervé Joncour si avvicinò. Piccole onde posavano l'acqua del lago sulla riva, come *spedite*, lì, da lontano. 15

sandalo

guanto

– Il mio amico francese – , *mormorò* Hara Kei, senza voltarsi.

Passarono ore, seduti uno accanto all'altro, a parlare e a tacere. Poi Hara Kei si alzò e Hervé Joncour lo seguì. Prima di avviarsi al sentiero lasciò cadere uno 20 dei suoi *guanti* accanto all'abito color arancio, abbandonato sulla riva. Arrivarono al paese che era già sera.

---

incrociare, qui: incontrare
spedire, mandare
mormorare, parlare a voce bassa

20.

Hervé Joncour rimase ospite di Hara Kei per quattro giorni. Era come vivere alla corte di un re. Tutto il paese esisteva per quell'uomo, e non c'era quasi gesto, su quelle colline, che non fosse compiuto in sua difesa e
5 per il suo piacere. La vita si muoveva con lentezza. Il mondo sembrava lontano secoli.

Hervé Joncour aveva una casa per sé, e cinque *servitori* che lo seguivano *ovunque*. Mangiava da solo, all'ombra di un albero colorato di fiori che non aveva mai
10 visto. Due volte al giorno gli servivano il tè. La sera, lo accompagnavano nella sala più grande della casa, dove il pavimento era di pietra, e dove faceva il bagno. Tre donne, anziane, il volto coperto, facevano *colare* l'acqua sul suo corpo e lo asciugavano con panni di seta. Ave-
15 vano mani *legnose*, ma leggerissime.

Il mattino del secondo giorno, Hervé Joncour vide arrivare nel paese un bianco: accompagnato da due carri pieni di grandi casse di legno. Era un inglese. Non era lì per comprare. Era lì per vendere.
20 – Armi, **monsieur**. E voi?
– Io compro. Bachi da seta.

Cenarono insieme. L'inglese aveva molte storie da raccontare: erano otto anni che andava avanti e indietro dall'Europa al Giappone. Hervé Joncour lo stette
25 ad ascoltare e solo alla fine gli chiese
– Voi conoscete una donna, giovane, europea credo,

---

servitore, cameriere
ovunque, dovunque, in ogni luogo
colare, cadere
panno, tessuto
legnoso, come di legno

32

bianca, che vive qui?

L'inglese continuò a mangiare.

– Non esistono donne bianche in Giappone. Non c'è una sola donna bianca, in Giappone.

Partì il giorno dopo, carico d'oro. 5

21.

Hervé Joncour rivide Hara Kei solo il mattino del terzo giorno. Si accorse che i suoi cinque servitori erano improvvisamente spariti, e dopo qualche istante lo vide arrivare. Quell'uomo per cui tutti, in quel paese, esistevano. 10

Salirono insieme il fianco della collina, fino ad arrivare in una *radura* dove il cielo era *rigato* dal volo di decine di uccelli dalle grandi ali azzurre.

– La gente di qui li guarda volare, e nel loro volo legge il futuro. 15

Disse Hara Kei.

– Quando ero un ragazzo mio padre mi portò in un posto come questo, mi mise in mano il suo arco e mi ordinò di tirare a uno di loro. Io lo feci, e un grande uccello, dalle ali azzurre, piombò a terra, come una pietra morta. Leggi il volo della tua *freccia* se vuoi sapere il tuo futuro, mi disse mio padre. 20

freccia

radura, spazio senza alberip. es. in un bosco
rigare, disegnare righe

Volavano lenti, salendo e scendendo nel cielo, come se volessero cancellarlo, con le loro ali.

Tornarono al paese camminando nella luce strana di un pomeriggio che sembrava sera. Arrivati alla casa di Hervé Joncour, si salutarono. Hara Kei si voltò e prese a camminare lento, scendendo per la strada che costeggiava il fiume. Hervé Joncour rimase in piedi a guardarlo: aspettò che fosse *distante* una ventina di passi, poi disse

– Quando mi direte chi è quella ragazzina?

Hara Kei continuò a camminare, con un passo lento. Intorno era il silenzio più assoluto, e il vuoto.

22.

Il mattino dell'ultimo giorno, Hervé Joncour uscì dalla sua casa e si mise a camminare per il villaggio. Incrociava uomini che si inchinavano al suo passaggio e donne che, abbassando lo sguardo, gli sorridevano. Capì di essere arrivato vicino alla *dimora* di Hara Kei quando vide un'enorme *voliera* che custodiva un numero incredibile di uccelli, di ogni tipo: uno spettacolo. Hara Kei gli aveva raccontato che se li era fatti portare da tutte le parti del mondo. Ce n'erano alcuni che valevano più di tutta la seta che Lavilledieu poteva produrre in un anno. Hervé Joncour si fermò a guardare quella magnifica *follìa*. Si ricordò di aver letto in un libro che gli uomini orientali, per *onorare* le loro donne fedeli, non

distante, essere a una certa distanza da...
dimora, luogo in cui si abita, casa
follìa, cosa da pazzi
onorare, fare onore a

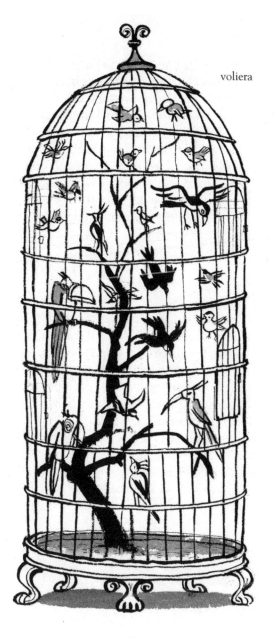

voliera

erano soliti regalar loro *gioielli*: ma uccelli bellissimi.

La dimora di Hara Kei sembrava essere in un lago di silenzio. Hervé Joncour si avvicinò e si fermò a pochi metri dall'ingresso. Non c'erano porte, e sulle pareti di 5 carta *comparivano* e scomparivano ombre che non seminavano alcun rumore. Non sembrava vita: se c'era un nome per tutto quello, era: teatro. Senza sapere cosa, Hervé Joncour si fermò ad aspettare: immobile, in piedi, a pochi metri dalla casa. Così si voltò, Hervé 10 Joncour, alla fine, e riprese a camminare, veloce, verso casa.

23.

La sera Hervé Joncour preparò i bagagli. Poi si lasciò portare nella grande stanza per il bagno. Si sdraiò, 15 chiuse gli occhi, e pensò alla grande voliera, *folle pegno* d'amore. Gli posarono sugli occhi un panno bagnato. Non lo avevano mai fatto prima. Fece per toglierselo ma una mano prese la sua e la fermò. Non era la mano vecchia di una vecchia.

20 Hervé Joncour sentì l'acqua colare sul suo corpo, sulle gambe prima, e poi lungo le braccia, e sul petto. Acqua come olio. E un silenzio strano, intorno. Sentì la leggerezza di un velo di seta che scendeva su di lui. E le mani di una donna – di una donna – che lo asciugava-

---

gioiello, oggetto prezioso
comparire, apparire
folle, pazzo
pegno, qui: segno d'amore

no *accarezzando* la sua pelle, ovunque: quelle mani e quel tessuto filato di nulla. Lui non si mosse mai, neppure quando sentì le mani salire dalle spalle al collo e le dita – la seta e le dita – salire fino alle sue labbra, e sfiorarle, una volta, lentamente, e sparire.   5

Hervé Joncour sentì ancora il velo di seta alzarsi e staccarsi da lui. L'ultima cosa fu una mano che apriva la sua e nel suo palmo posava qualcosa.

Aspettò a lungo, nel silenzio, senza muoversi. Poi lentamente si tolse il panno bagnato dagli occhi. Non   10 c'era quasi più luce, nella stanza. Non c'era nessuno, intorno. Si alzò, prese la tunica che era piegata per terra, se la appoggiò sulle spalle, uscì dalla stanza, attraversò la casa, arrivò davanti alla sua stuoia, e si sdraiò. Fermò il Tempo, per tutto il tempo che desiderò.   15

Fu un nulla, poi, aprire la mano, e vedere quel foglio. Piccolo. Pochi *ideogrammi* disegnati uno sotto l'altro. *Inchiostro* nero.

24.

Il giorno dopo, presto, al mattino, Hervé Joncour partì. Nascoste tra i bagagli, portava con sé migliaia di uova   20 di baco, e cioè il futuro di Lavilledieu, e il lavoro per centinaia di persone, e la ricchezza per una decina di loro. Dove la strada *curvava* a sinistra, nascondendo per sempre dietro la collina la vista del villaggio, si fermò, senza badare ai due uomini che lo accompagnavano.   25

accarezzare, toccare leggermente, sfiorare, in segno d'affetto
ideogramma, simbolo scritto che esprime un'idea
inchiostro, sostanza nera per scrivere
curvare, fare una curva

Scese da cavallo e rimase per un po' sul bordo della strada, con lo sguardo fisso a quelle case sulla collina.

Sei giorni dopo Hervé Joncour si imbarcò a Takaoka, su una nave di contrabbandieri olandesi che lo portò a
5 Sabirk. Da lì risalì il confine cinese fino al lago Bajkal, attraversò quattromila chilometri di terra siberiana, superò gli Urali, raggiunse Kiev e in treno percorse tutta l'Europa, da est a ovest, fino ad arrivare, dopo tre mesi di viaggio, in Francia. La prima domenica di apri-
10 le – in tempo per la Messa grande – giunse alle porte di Lavilledieu. Vide sua moglie Hélène corrergli incontro, e sentì il profumo della sua pelle quando la strinse a sé, e il *velluto* della sua voce quando gli disse

–Sei tornato.

15 Dolcemente.

Sei tornato.

25.

A Lavilledieu la vita scorreva semplice. Hervé Joncour se la lasciò scivolare addosso per quarantun giorni. Il quarantaduesimo si *arrese*, aprì un *cassetto* del suo *bau-*
20 *le da viaggio*, tirò fuori una *mappa* del Giappone, la aprì e prese il foglietto che vi aveva nascosto dentro, mesi prima. Pochi ideogrammi disegnati uno sotto l'altro. Inchiostro nero. Si sedette alla scrivania, e a lungo rimase a osservarlo.
25 Trovò Baldabiou da Verdun, al *biliardo*. Giocava

---

velluto, stoffa morbida rigata
arrendersi, non resistere più
biliardo, gioco da tavola

mappa

cassetto

baule da viaggio

sempre da solo, contro se stesso. Partite strane. Il sano contro il *monco*, le chiamava. Faceva un colpo normalmente, e quello dopo con una mano sola. Il giorno che vincerà il monco – diceva – me ne andrò da questa città. Da anni, il monco perdeva. 5

– Baldabiou, devo trovare qualcuno, qui, che sappia leggere il giapponese.

– Chiedi a Hervé Joncour, lui sa tutto.

– Io non ne capisco niente.

– Sei tu il giapponese, qui. 10

– Ma non ci capisco niente lo stesso.

– Allora non resta che Madame Blanche. Ha un negozio di tessuti, a Nîmes. Sopra il negozio c'è un *bordello*. Roba sua anche quella. Ed è giapponese.

– Giapponese? E come ci è arrivata qui? 15

– Non chiederglielo, se vuoi avere qualcosa da lei.

---

monco, persona senza una mano o un braccio
bordello, casa dove si esercita la prostituzione

26.

A sua moglie Hélène, Hervé Joncour disse che doveva
andare a Nîmes, per affari. E che tornava il giorno stesso.

Salì al primo piano, sopra il negozio di tessuti, al 12
di rue Moscat, e chiese di Madame Blanche. Lo fecero
aspettare a lungo. Le ragazze erano tutte giovani e francesi. C'era un *pianista* che suonava motivi che sapevano
di Russia. Alla fine di ogni pezzo si passava la mano
destra tra i capelli e mormorava piano

– Voilà.

27.

Hervé Joncour attese per un paio d'ore. Poi lo accom-
pagnarono fino all'ultima porta. Lui l'aprì, ed entrò.

Madame Blanche era seduta su una grande poltrona,
accanto alla finestra. Indossava un kimono di stoffa
leggera: completamente bianco. Alle dita, come fossero anelli, portava dei piccoli fiori di color blu intenso.
I capelli neri, il volto orientale, perfetto.

– Cosa vi fa pensare di essere così ricco da poter
venire a letto con me?

Hervé Joncour rimase in piedi, davanti a lei, con il
cappello in mano.

– Ho bisogno di un favore da voi. Non importa che
prezzo.

Poi prese nella tasca interna della giacca un piccolo
foglio, piegato in quattro, e glielo porse.

| *pianista*, chi suona il pianoforte

– Devo sapere cosa c'è scritto.

Madame Blanche non si mosse di un millimetro.

Vi prego, **madame**.

Non aveva nessuna ragione al mondo per farlo. Eppure prese il foglio, lo aprì, lo guardò. Alzò gli occhi su Hervé Joncour, li riabbassò. Richiuse il foglio, lentamente. Quando si *sporse* in avanti, per *restituirlo*, il kimono le si aprì di un nulla, sul petto. Hervé Joncour vide che non aveva niente, sotto, che la sua pelle era giovane e *candida*.

– Tornate, o morirò.

Lo disse con voce fredda, guardando Hervé Joncour negli occhi, e senza farsi sfuggire la minima espressione.

Tornate, o morirò.

Hervé Joncour rimise il foglietto nella tasca interna della giacca.

– Grazie.

Accennò un *inchino*, poi si voltò, andò verso la porta e fece per posare alcune banconote sul tavolo.

– Lasciate perdere.

Hervé Joncour esitò un attimo.

– Non parlo dei soldi. Parlo di quella donna. Lasciate perdere. Non morirà e voi lo sapete.

Senza voltarsi, Hervé Joncour appoggiò le banconote sul tavolo, aprì la porta e se ne andò.

---

sporgersi, piegarsi in avanti
restituire, dare indietro
candido, molto bianco
accennare, fare un cenno, un segno
inchino, l'inchinare la testa

28.

Diceva Baldabiou che venivano da Parigi per fare l'a-
more con Madame Blanche. Tornati nella capitale,
sfoggiavano sul *bavero* della giacca da sera alcuni piccoli fiori blu, quelli che lei portava sempre tra le dita
5 come se fossero anelli.

bavero

29.

Per la prima volta nella sua vita, Hervé Joncour portò
la moglie, quell'estate, in *Riviera*. Si stabilirono per due
settimane in un albergo di Nizza, frequentato per lo più
da inglesi e noto per le serate musicali che offriva ai
10 clienti. Hélène si era convinta che in un posto così bello potevano riuscire a *concepire* il figlio che avevano
aspettato per anni. Insieme decisero che doveva essere
maschio. E che doveva essere chiamato Philippe. Par-
tecipavano alla vita *mondana,* divertendosi poi chiusi
15 nella loro stanza, a ridere dei tipi strani che avevano
incontrato.

La notte prima di partire, accadde a Hervé Joncour

sfoggiare: mettere in mostra
Riviera, qui, la costa francese vicino a Nice
concepire, fare un figlio
mondano, divertente e brillante, tipico del divertirsi con gli altri

42

di svegliarsi, quando ancora era buio, e di alzarsi, e di avvicinarsi al letto di Hélène. Quando lei aprì gli occhi lui sentì la propria voce dire piano:

– Io ti amerò per sempre.

30.

Agli inizi di settembre i bachicultori di Lavilledieu si riunirono per stabilire cosa fare. Il governo aveva mandato a Nîmes un giovane *biologo incaricato* di studiare la malattia che *rendeva inutilizzabili* le uova prodotte in Francia. Si chiamava Louis Pasteur: lavorava con dei *microscopi* capaci di vedere l'invisibile: dicevano che avesse già ottenuto risultati straordinari. Dal Giappone arrivavano notizie di un'*imminente* guerra civile, voluta dalle forze che si opponevano all'ingresso degli stranieri nel Paese. Molti dei *notabili* di Lavilledieu avanzarono l'idea di sospendere i viaggi di Hervé Joncour e di affidarsi per quell'anno alle partite di uova che arrivavano dai grandi *importatori* del Medio Oriente. Baldabiou stette ad ascoltare tutti senza dire una parola. Quando alla fine toccò a lui parlare, quel che fece fu alzare lo sguardo sull'uomo che sedeva di fronte a lui. E aspettare.

biologo, chi studia piante e animali
incaricare, dare un compito a qualcuno
rendere, fare diventare
inutilizzabile, che non si può utilizzare, usare
microscopio, strumento con cui è possibile osservare oggetti minuscoli
imminente, che accadrà in un prossimo futuro
notabile, persona di autorità
importatore, chi compra cose all'estero per venderle nel proprio paese

Hervé Joncour sapeva delle ricerche di Pasteur e aveva letto le notizie che arrivavano dal Giappone: ma si era sempre rifiutato di *commentarle*. Preferiva spendere il suo tempo lavorando con il progetto del parco
5 che voleva costruire intorno alla sua casa. In un angolo nascosto dello studio conservava un foglio piegato in quattro, con pochi ideogrammi disegnati uno sotto l'altro, inchiostro nero. Aveva un ricco conto in banca, conduceva una vita tranquilla e custodiva la ragione-
10 vole speranza di diventare presto padre. Quando Baldabiou alzò lo sguardo verso di lui quel che disse fu
– Decidi tu, Baldabiou.

31.

Hervé Joncour partì per il Giappone ai primi di ottobre. Varcò il confine francese vicino a Metz, attraversò il
15 Württemberg e la Baviera, entrò in Austria, raggiunse in treno Vienna e Budapest, per poi proseguire fino a Kiev. Percorse a cavallo duemila chilometri di steppa russa, superò gli Urali, entrò in Siberia, viaggiò per quaranta giorni fino a raggiungere il lago Bajkal, che la gente del
20 luogo chiamava: l'ultimo. Ridiscese il corso del fiume Amur, costeggiando il confine cinese fino all'Oceano, e quando arrivò all'Oceano si fermò nel porto di Sabirk per dieci giorni, finché una nave di contrabbandieri olandesi non lo portò a Capo Teraya, sulla costa ovest
25 del Giappone. Quel che trovò fu un Paese in attesa di una guerra che non riusciva a scoppiare. Viaggiò per giorni. A Shirakawa incontrò l'uomo che doveva por-

| *commentare*, esprimere la propria opinione

44

tarlo da Hara Kei. In due giorni, a cavallo, giunsero in vista del villaggio. Hervé Joncour vi entrò a piedi perché la notizia del suo arrivo potesse arrivare prima di lui.

32.

Lo portarono in una delle ultime case del villaggio, in alto, vicino al bosco. Cinque servitori lo aspettavano. 5
Affidò loro i bagagli e uscì sulla *veranda*. All'estremo *opposto* del villaggio si *intravedeva* il palazzo di Hara Kei, poco più grande delle altre case, ma circondato da enormi *cedri* che ne difendevano la solitudine. Hervé Joncour rimase a osservarlo, come se non ci fosse nul- 10
l'altro. Così vide,
    alla fine,
    all'improvviso,
    il cielo sopra il palazzo *macchiarsi* del volo di centi-
naia d'uccelli d'ogni tipo fuggire ovunque, *impazziti*, 15
cantando e gridando.
    Hervé Joncour sorrise.

cedro

veranda, terrazza coperta
opposto, dall'altra parte
intravedere, vedere appena
macchiarsi, diventare pieno di macchie
impazzire, diventare pazzi

33.

Il villaggio incominciò a *brulicare*: tutti correvano e gridavano, guardavano in alto e *inseguivano* quegli uccelli scappati, per anni *fierezza* del loro Signore, e ora *beffa* volante nel cielo. Hervé Joncour uscì dalla sua casa e
5 ridiscese il villaggio, camminando lentamente, e guardando davanti a sé con una calma senza fine. Nessuno sembrava vederlo, e nulla lui sembrava vedere. Superò il ponte sul fiume, scese fino ai grandi cedri, entrò nella loro ombra e ne uscì. Di fronte a sé vide l'enorme
10 voliera, con le porte *spalancate*, completamente vuota. E davanti ad essa una donna. Hervé Joncour non si guardò intorno, continuò semplicemente a camminare, lento, e si fermò solo quando arrivò davanti a lei.

I suoi occhi non avevano un taglio orientale, e il suo
15 volto era il volto di una ragazzina.

Hervé Joncour fece un passo verso di lei, allungò una mano e l'aprì. Sul palmo aveva un piccolo foglio, piegato in quattro. Lei lo vide e ogni angolo del suo volto sorrise. Appoggiò la sua mano su quella di Hervé
20 Joncour, la strinse dolcemente, poi la tirò indietro stringendo fra le dita quel foglio che aveva fatto il giro del mondo. L'aveva appena nascosto, quando si sentì la voce di Hara Kei.

– Siate il benvenuto, mio amico francese.

25 Era a pochi passi da lì. Il kimono scuro, i capelli,

---

brulicare, muoversi confusamente
inseguire, correre dietro a
fierezza, sentimento di soddisfazione
beffa, presa in giro
spalancare, aprire del tutto

nuca

neri, perfettamente raccolti sulla *nuca*. Si avvicinò. Si mise a osservare la voliera, guardando una a una le porte spalancate.

– Torneranno. E' sempre difficile resistere alla *tentazione* di tornare, non è vero?

Hervé Joncour non rispose. Hara Kei lo guardò negli occhi, e gli disse dolcemente

5

---

tentazione, voglia

– Venite.

Hervé Joncour lo seguì. Fece qualche passo poi si girò verso la ragazza e accennò un inchino.

– Spero di rivedervi presto.

5 Hara Kei continuò a camminare.

– Non conosce la vostra lingua.

Disse.

– Venite.

34.

Quella sera Hara Kei invitò Hervé Joncour nella sua
10 casa. C'erano alcuni uomini del villaggio, e donne vestite con grande eleganza. Si beveva sakè, si fumava in lunghe *pipe* di legno. Tre vecchie donne suonavano

pipa

degli strumenti a corda, senza mai smettere di sorridere. Hara Kei stava seduto al posto d'onore, vestito di
15 scuro. In un vestito di seta, splendido, la donna con il volto da ragazzina gli sedeva accanto. Hervé Joncour era all'estremo opposto della stanza: era *assediato* dal profumo dolce delle donne che gli stavano attorno e sorrideva *imbarazzato* agli uomini che si divertivano a
20 raccontargli storie che lui non poteva capire. Per mille volte cercò gli occhi di lei, per mille volte lei trovò i

assediare, dare fastidio, infastidire
imbarazzato, incerto

48

suoi. Era una specie di triste *danza*. Hervé Joncour la ballò fino a tarda notte, poi si alzò, disse qualcosa in francese per scusarsi, si liberò in qualche modo di una donna che aveva deciso di accompagnarlo e facendosi largo tra nuvole di fumo e uomini se ne andò. Prima di uscire dalla stanza, guardò un'ultima volta verso di lei. Lo stava guardando, con occhi perfettamente muti, lontani secoli.

Hervé Joncour *vagabondò* per il villaggio respirando l'aria fresca della notte. Quando arrivò alla sua casa vide una *lanterna*, accesa. Entrò, e trovò due donne, in piedi, davanti a lui. Una ragazza orientale, giovane, vestita di un semplice kimono bianco. E lei. Non gli lasciò il tempo di fare nulla. Si avvicinò, gli prese una mano, se la portò al volto, la sfiorò con le labbra, e poi stringendola forte la posò sulle mani della ragazza che le era accanto, e la tenne lì, per un istante, perché non potesse scappare. Staccò la sua mano, infine, fece due passi indietro, prese la lanterna, guardò per un istante negli occhi Hervé Joncour e corse via. Era una lanterna arancione. Scomparve nella notte, piccola luce in fuga.

35.

Hervé Joncour non aveva mai visto quella ragazza, né, veramente, la vide mai, quella notte. Nella stanza senza luci sentì la bellezza del suo corpo, e conobbe le sue mani e la sua bocca. La amò per ore, con gesti che non

---

danza, ballo
vagabondare, andare in giro senza uno scopo preciso
lanterna, piccola lampada che si può portare in mano

aveva mai fatto, lasciandosi insegnare una lentezza che non conosceva. Nel buio, era un nulla amarla e non amare lei.

Poco prima dell'alba, la ragazza si alzò, indossò il kimono bianco, e se ne andò.

36.

Di fronte alla sua casa, ad attenderlo, Hervé Joncour trovò, al mattino, un uomo di Hara Kei. Aveva con sé quindici fogli di corteccia di gelso, completamente coperti di uova: minuscole. Hervé Joncour *esaminò* ogni foglio, con cura, poi trattò sul prezzo e pagò in oro. Prima che l'uomo se ne andasse gli fece capire che voleva vedere Hara Kei. L'uomo *scosse* la testa. Hervé Joncour comprese, dai suoi gesti, che Hara Kei era partito quella mattina, presto e che nessuno sapeva quando tornava.

Hervé Joncour attraversò il villaggio di corsa, fino alla dimora di Hara Kei. Trovò solo dei servi che a ogni domanda rispondevano scuotendo la testa. La casa sembrava deserta. E per quanto cercasse intorno a sé, non vide nulla. Lasciò la casa, e tornando verso il villaggio, passò davanti alla voliera. Le porte erano di nuovo chiuse. Dentro, centinaia di uccelli volavano al *riparo* dal cielo.

esaminare, guardare con cura
scuotere, agitare, muovere da una parte dall'altra
riparo, protezione

37.

Hervé Joncour aspettò ancora due giorni un segno qualsiasi. Poi partì.

Gli accadde, a non più di mezz'ora dal villaggio, di passare accanto a un bosco da cui arrivava un rumore. Nascoste tra le foglie, si riconoscevano le mille macchie scure di uno *stormo* di uccelli fermo a riposare. Senza spiegar nulla ai due uomini che lo accompagnavano, Hervé Joncour fermò il suo cavallo, e sparò sei colpi in aria. Lo stormo si alzò in cielo, come una nuvola di fumo. Era così grande che si poteva vederla a giorni e giorni di *cammino* da lì.

38.

Sei giorni dopo Hervé Joncour si imbarcò, a Takaoka, su una nave di contrabbandieri olandesi che lo portò a Sabirk. Da lì risalì il confine cinese fino al lago Bajkal, attraversò quattromila chilometri di terra siberiana, superò gli Urali, raggiunse Kiev e in treno percorse tutta l'Europa, da est a ovest, fino ad arrivare, dopo tre mesi di viaggio, in Francia. La prima domenica di aprile – in tempo per la Messa grande – giunse alle porte di Lavilledieu. Fece fermare la carrozza, e per alcuni minuti rimase seduto, immobile. Poi scese, e continuò a piedi, passo dopo passo, con una stanchezza *infinita*.

Baldabiou gli chiese se aveva visto la guerra.

– Non quella che mi aspettavo –, rispose.

---

stormo, gruppo di uccelli in volo
cammino, il camminare
infinito, senza fine

La notte entrò nel letto di Hélène e la amò con tanta *impazienza* che ella si spaventò e non riuscì a trattenere le lacrime. Quando lui se ne accorse, lei si *sforzò* di sorridergli.

5 – E' solo che sono tanto felice –, gli disse piano.

39.

Hervé Joncour consegnò le uova ai bachicultori di Lavilledieu. Poi, per giorni, non comparve più in paese, trascurando perfino l'abituale, quotidiana gita da Verdun. Ai primi di maggio comprò la casa abbando-
10 nata di Jean Berbeck, quello che un giorno aveva smesso di parlare, e fino alla morte non aveva parlato più. Tutti pensarono che avesse in mente di farne il suo nuovo laboratorio. Lui non iniziò nemmeno a *sgomberarla.* Ci andava, di tanto in tanto, e rimaneva, solo, in
15 quelle stanze, nessuno sapeva a fare cosa. Un giorno ci portò Baldabiou.

– Ma tu lo sai perché Jean Berbeck smise di parlare? –, gli chiese.

– E' una delle tante cose che non disse mai.

20 Erano passati anni, ma c'erano ancora i quadri *appesi* alle pareti. Non era una cosa allegra, e Baldabiou, di suo, se ne andava volentieri. Ma Hervé Joncour continuava a guardare quelle pareti morte. Era evidente: cercava qualcosa, lì dentro.

25 – Forse è che la vita, alle volte, ti gira in un modo

---

impazienza, fretta
sforzare, fare forza
sgomberare, liberare un luogo da qualsiasi cosa
appendere, attaccare

che non c'è proprio più niente da dire.

Disse.

– Più niente, per sempre.

Baldabiou non era molto *tagliato per* i discorsi seri. Stava fissando il letto di Jean Berbeck.

– Forse chiunque smetterebbe di parlare, con una casa così *orrenda*.

Hervé Joncour continuò per giorni a condurre una vita ritirata, facendosi vedere poco, in paese, e passando il suo tempo a lavorare al progetto del parco che prima o poi voleva costruire. Riempiva fogli e fogli di disegni strani, sembravano macchine. Una sera Hélène gli chiese

– Cosa sono?

– E' una voliera.

– Una voliera?

– Sì.

– E a cosa serve?

Hervé Joncour teneva fissi gli occhi su quei disegni.

– Tu la riempi di uccelli, più che puoi, poi un giorno che ti succede qualcosa di felice la spalanchi, e li guardi volar via.

40.

Alla fine di luglio Hervé Joncour partì, con la moglie, per Nizza. Si stabilirono in una piccola villa, in riva al mare.

Trascorsero insieme tre settimane di piccola, *inattac-*

---

tagliare per, fatto per
orrendo, di orrore
inattaccabile, che non è attaccabile

cabile felicità. Nelle giornate in cui il caldo si faceva più *mite*, *noleggiavano* una carrozza e si divertivano a scoprire i paesi nascosti sulle colline. Di tanto in tanto, si spingevano in città per un concerto o un'occasione mondana. 5 Una sera accettarono l'invito di un nobile italiano che *festeggiava* il suo sessantesimo *compleanno* con una cena all'Hôtel Suisse. Erano al *dessert* quando accadde a Hervé Joncour di alzare lo sguardo verso Hélène. Era seduta dall'altra parte del tavolo, accanto a un *gentiluo-* 10 *mo* inglese che, curiosamente, sfoggiava sul bavero dei piccoli fiori blu. Hervé Joncour lo vide chinarsi verso Hélène e dirle qualcosa all'orecchio. Hélène si mise a ridere, in un modo bellissimo, e ridendo si piegò leggermente verso il gentiluomo inglese arrivando a sfiorarne, 15 coi suoi capelli, la spalla. Hervé Joncour abbassò lo sguardo sul piatto. Non poté fare a meno di notare che la propria mano stava tremando.

Hervé Joncour e la moglie si trattennero in Riviera fino all'inizio di settembre. Lasciarono la piccola villa 20 con *rimpianto*, giacché avevano sentito *lieve*, tra quelle mura, la sorte di amarsi.

41.

Baldabiou arrivò alla casa di Hervé Joncour di primo

---

mite, qui: meno intenso
noleggiare, pagare per uso a tempo, p. es. un'auto o altro
festeggiare, fare una festa in onore di qualcuno
compleanno, giorno in cui si compiono gli anni
dessert, il piatto dolce alla fine di un pasto
gentiluomo, uomo nobile di cuore
rimpianto, dolore nel lasciare una persona, un bel posto ecc.
lieve, poco pesante

mattino. Si sedettero sotto il portico.

– Non è un *granché* come parco.

– Non ho ancora iniziato a costruirlo, Baldabiou.

– Ah, ecco.

Baldabiou non fumava mai, al mattino. Tirò fuori la
pipa, la *caricò* e la accese.

– Ho conosciuto quel Pasteur. Mi ha fatto vedere. E'
in grado di riconoscere le uova malate da quelle sane.
Non le sa curare, certo. Ma può isolare quelle sane. E
dice che probabilmente un trenta per cento di quelle
che produciamo lo sono.

Pausa.

– Dicono che in Giappone sia scoppiata la guerra,
questa volta davvero. Gli inglesi danno le armi al governo, gli olandesi ai *ribelli*. Pare che siano d'accordo.

Pausa.

– Ce n'è ancora di caffè?

Hervé Joncour gli versò del caffè.

Pausa.

– Quei due italiani, Ferreri e l'altro, quelli che sono
andati in Cina, l'anno scorso...se ne sono tornati indietro con quindicimila *once* di uova, roba buona, l'hanno
comprata anche quelli di Bollet, dicono che era roba di
prima qualità. Fra un mese ripartono...ci hanno propo-
sto un buon affare, fanno prezzi onesti, undici franchi
l'oncia. E' gente seria, hanno un'organizzazione alle spalle, vendono uova a mezza Europa. Gente seria, ti dico.

Pausa.

granché, niente di particolare
caricare, qui: riempire di tabacco
ribelle, qui: chi si oppone con le armi
once, unità di peso, pari a ca. 30 grammi

– Io non so. Ma forse ce la potremmo fare. Con le nostre uova, col lavoro di Pasteur, e poi quel che possiamo comprare dai due italiani...ce la potremmo fare. Gli altri in paese dicono che è una follia mandarti anche laggiù...con tutto quel che costa...dicono che è troppo rischioso, e in questo hanno ragione, le altre volte era diverso, ma adesso...adesso è difficile tornare vivi da laggiù.

Pausa.

– Il fatto è che loro non vogliono perdere le uova. E io non voglio perdere te.

Hervé Joncour stette per un po' con lo sguardo puntato verso il parco che non c'era. Poi fece una cosa che non aveva mai fatto.

– Io andrò in Giappone, Baldabiou.

Disse.

– Io comprerò quelle uova, e se è necessario lo farò col mio denaro. Tu devi solo decidere se le venderò a voi, o a qualcun altro.

Baldabiou non se l'aspettava. Era come vedere vincere il monco, all'ultimo colpo.

42.

Baldabiou comunicò agli allevatori di Lavilledieu che Pasteur era *inattendibile*, che quei due italiani avevano già ingannato mezza Europa, che in Giappone la guerra poteva finire prima dell'inverno. Solo a Hélène non riuscì a mentire.

– E' proprio necessario che parta, Baldabiou?

inattendibile, da non considerare seriamente

56

– No.

– E allora perché?

– Io non posso fermarlo. E se lui vuole andare laggiù, io posso solo dargli una ragione in più per tornare.

Tutti gli allevatori di Lavilledieu versarono, pur contro voglia, la loro parte di denaro per il viaggio. Hervé Joncour iniziò a prepararsi e ai primi di ottobre fu pronto per partire. Hélène, come tutti gli anni, lo aiutò, senza chiedergli niente, e nascondendogli qualsiasi sua *inquietudine*. Solo l'ultima sera, dopo aver spento la lampada, trovò la forza per dirgli.

– Promettimi che tornerai.

Con voce ferma, senza dolcezza.

– Promettimi che tornerai.

Nel buio, Hervé Joncour rispose.

– Te lo prometto.

43.

Il 10 ottobre 1864, Hervé Joncour partì per il suo quarto viaggio in Giappone. Varcò il confine francese vicino a Metz, attraversò il Württemberg e la Baviera, entrò in Austria, raggiunse in treno Vienna e Budapest per poi proseguire fino a Kiev. Percorse a cavallo duemila chilometri di steppa russa, superò gli Urali, entrò in Siberia, viaggiò per quaranta giorni fino a raggiungere il lago Bajkal, che la gente del luogo chiamava: il santo. Ridiscese il corso del fiume Amur, costeggiando il confine cinese all'Oceano, e quando arrivò all'Oceano si fermò nel porto di Sabirk per otto giorni, finché

| *inquietudine*, il sentirsi non tranquilli

una nave di contrabbandieri olandesi non lo portò a
Capo Teraya, sulla costa ovest del Giappone. A cavallo, percorrendo strade secondarie, attraversò le province di Ishikawa, Toyama, Niigata, ed entrò in quella di
5 Fukushima. Quando giunse a Shirakawa trovò la città
semidistrutta. Aggirò la città dal lato est e attese *invano*
per cinque giorni il servo di Hara Kei. All'alba del sesto
giorno partì verso le colline, in direzione nord. Aveva
poche carte e quel che gli rimaneva dei suoi ricordi.
10 Girò per giorni, fino a quando non riconobbe un fiume,
e poi un bosco, e poi una strada. Alla fine della strada
trovò il villaggio di Hara Kei: completamente bruciato:
case, alberi, tutto.
   Non c'era più niente.
15 Non c'era anima viva.

semidistrutto, mezzo distrutto
invano, inutilmente

Hervé Joncour rimase immobile, a guardare. Aveva dietro di sé una strada lunga ottomila chilometri. E davanti a sé il nulla. Improvvisamente vide ciò che pensava invisibile.

La fine del mondo.   5

44.

Hervé Joncour rimase per ore tra le *rovine* del villaggio. Non riusciva ad andarsene anche se sapeva che ogni ora, persa lì, poteva significare una disgrazia per lui, e per tutta Lavilledieu: non aveva uova di baco, con sé, e anche se le avesse trovate non gli restavano che un paio 10 di mesi per attraversare il mondo prima che si schiudessero, per strada, trasformandosi in inutili larve. Anche un solo giorno di ritardo poteva significare la fine. Lo sapeva, eppure non riusciva ad andarsene. Così rimase lì finché non accadde una cosa strana: dal nulla, tutt'a 15 un tratto, comparve un ragazzino. Vestito di *stracci*, camminava lento, fissando lo straniero con la paura negli occhi. Hervé Joncour non si mosse. Il ragazzino fece ancora qualche passo avanti, e si fermò. Rimasero a guardarsi, a pochi metri uno dall'altro. Poi il ragazzi- 20 no prese qualcosa da sotto gli stracci e tremando di paura si avvicinò a Hervé Joncour e glielo *porse*. Un guanto. Hervé Joncour rivide la riva di un lago, e un vestito arancione abbandonato per terra, e le piccole onde che posavano l'acqua sulla riva, come spedite, lì, da lonta- 25 no. Prese il guanto e sorrise al ragazzino.

rovina, il resto di una casa distrutta
straccio, pezzo di stoffa
porgere, tendere qualcosa a qualcuno

– Sono io, il francese... l'uomo della seta, il francese, mi capisci?... sono io.

Il ragazzino smise di tremare.

– Francese...

5   Aveva gli occhi lucidi, ma rideva. Iniziò a parlare,
veloce, quasi gridando, e a correre, facendo segno a
Hervé Joncour di seguirlo. Sparì in un sentiero che
entrava nel bosco, in direzione delle montagne.

Hervé Joncour non si mosse. Girava tra le mani quel
10 guanto, come se fosse l'unica cosa rimastagli di un
mondo sparito. Sapeva che era troppo tardi ormai. E
che non aveva scelta.

Si alzò. Lentamente si avvicinò al cavallo. Salì sul
cavallo. E partì. Verso il bosco, dietro il ragazzino, oltre
15 la fine del mondo.

45.

20 Viaggiarono per giorni, verso nord, sulle montagne.
Hervé Joncour non sapeva dove stessero andando: ma
lasciò che il ragazzino lo guidasse, senza provare a chiedergli niente. Incontrarono due villaggi. La gente si
nascondeva nelle case. Le donne scappavano via. Il
25 ragazzino si divertiva come un pazzo a gridargli dietro
cose *incomprensibili*. Non aveva più di quattordici anni.
Aveva l'aria di fare la cosa più bella della sua vita.

Il quinto giorno arrivarono sulla cima di un colle. Il
ragazzino indicò un punto, davanti a loro, sulla strada
30 che scendeva a valle. Hervé Joncour prese il *cannocchiale* e quel che vide fu una specie di *corteo*: uomini

| *incomprensibile*, che non si capisce

armati, donne e bambini, *carri*, animali. Un intero villaggio: in cammino. A cavallo, vestito di nero, Hervé Joncour vide Hara Kei. Dietro di lui *oscillava* una *portantina* chiusa ai quattro lati da stoffe dai colori forti.

cannocchiale

carro

46.

Il ragazzino scese da cavallo, disse qualcosa e se ne 5
scappò via. Prima di sparire tra gli alberi si voltò e per un attimo rimase lì, cercando un gesto per dire che era stato un viaggio bellissimo.

– E' stato un viaggio bellissimo –, gli gridò Hervé Joncour. 10

Per tutto il giorno Hervé Joncour seguì, da lontano, il corteo. Quando lo vide fermarsi per la notte, continuò lungo la strada finché gli vennero incontro due uomini armati che gli presero il cavallo e i bagagli e lo condussero in una tenda. Attese a lungo, poi Hara Kei 15
arrivò. Non fece un *cenno* di saluto. Non si sedette neppure.

– Come siete arrivato qui, francese?

Hervé Joncour non rispose.

– Vi ho chiesto chi vi ha portato qui. 20

corteo, gruppo di persone che camminano in fila
oscillare, muoversi avanti e indietro
portantina, vedi illustrazione, pag. 62
cenno, segno

Silenzio.

– Qui non c'è niente per voi. C'è solo la guerra. E non è la vostra guerra. Andatevene.

Hervé Joncour tirò fuori una piccola borsa di pelle, la aprì e la vuotò per terra. Piccoli pezzi d'oro.

– La guerra è un gioco caro. Voi avete bisogno di me. Io ho bisogno di voi.

Hara Kei non guardò neppure l'oro per terra.

Si voltò e se ne andò.

47.

Hervé Joncour passò la notte vicino al campo. Nessuno gli parlò, nessuno sembrava vederlo. Dormivano tutti per terra, accanto ai fuochi. C'erano solo due tende. Accanto a una, Hervé Joncour vide la portantina, vuota: appese ai quattro angoli c'erano delle piccole *gabbie*: uccelli. Dalle gabbie erano appesi minuscoli campanelli d'oro. Suonavano, leggeri, nella notte.

portantina

gabbia

48.

Quando si svegliò, vide intorno a sé il villaggio che stava per rimettersi in cammino. Non c'erano più tende. La portantina era ancora là, aperta. La gente saliva sui carri, silenziosa. Si alzò, e si guardò intorno a lungo, ma erano solo occhi dal taglio orientale quelli che incrociavano i suoi, e subito si abbassavano. Vide uomini armati e bambini che non piangevano. Vide le facce mute che ha la gente quando è gente in fuga. E vide un albero, sul bordo della strada. E appeso a un *ramo* il ragazzino che lo aveva portato fin lì.

Hervé Joncour si avvicinò e per un po' rimase a guardarlo. Poi sciolse la corda legata all'albero, raccolse il corpo del ragazzino, lo posò a terra e gli si mise accanto in ginocchio. Non riusciva a staccare gli occhi da quel volto. Così non vide il villaggio mettersi in cammino, ma solo sentì, come lontano, il rumore di quella *processione* che lo sfiorava, risalendo la strada. Non alzò lo sguardo neppure quando sentì la voce di Hara Kei, a un passo da lui, che diceva

– Il Giappone è un Paese antico, sapete? La sua legge è antica: dice che ci sono dodici *crimini* per cui si può condannare a morte un uomo. E uno è portare un *messaggio* d'amore della propria padrona.

– Hervé Joncour non staccò gli occhi da quel ragazzino ammazzato.

– Non aveva messaggi d'amore con sé.

– Lui **era** un messaggio d'amore.

ramo, parte dell'albero dove crescono le foglie
processione, corteo
crimine, delitto
messaggio, notizia comunicata

Hervé Joncour sentì qualcosa *premere* sulla sua testa, e piegargli il capo verso terra.

– E' un *fucile*, francese. Non alzate lo sguardo, vi prego.

fucile

Hervé Joncour non capì subito. Poi sentì il suono di
5 mille minuscoli campanelli che si avvicinava, a poco a
poco, risaliva la strada verso di lui, passo dopo passo, e
anche se nei suoi occhi c'era soltanto quella terra scura, poteva immaginarla, la portantina, oscillare, e quasi vederla, risalire la via, metro dopo metro, avvicinar-
10 si, lenta, portata da quel suono che diventava sempre
più forte, sempre più vicino, così vicino da sfiorarlo,
proprio davanti a lui, ormai, esattamente davanti a lui
– in quel momento – quella donna – davanti a lui.

Hervé Joncour alzò il capo.
15 Stoffe meravigliose, seta, tutt'intorno alla portantina, mille colori, arancio, bianco, argento.

Hervé Joncour non sentì un'*esplosione* distruggergli
la vita. Sentì quel suono allontanarsi, il fucile staccarsi da lui e la voce di Hara Kei dire piano.
20 – Andatevene, francese. E non tornate mai più.

premere, esercitare un peso contro qualcosa o qualcuno
esplosione, rumore forte e violento

49.

Solamente silenzio, lungo la strada. Il corpo di un ragazzino, per terra. Un uomo in ginocchio. Fino alle ultime luci del giorno.

50.

Hervé Joncour ci mise undici giorni a raggiungere Yokohama. Si procurò sedici *cartoni* di uova di baco, 5
provenienti dal sud dell'isola. Li *avvolse* in panni di seta e li chiuse in quattro scatole di legno, rotonde. Trovò una nave per il continente, e ai primi di marzo giunse sulla costa russa. Scelse la via più a nord, cercando il freddo per bloccare la vita delle uova e allungare il tem- 10
po che mancava prima che si schiudessero. Attraversò quattromila chilometri di Siberia, varcò gli Urali e giunse a San Pietroburgo. Comprò a peso d'oro *quintali* di ghiaccio e li caricò, insieme alle uova, su una nave diretta ad Amburgo. Ci mise sei giorni ad arrivare. *Sca-* 15
ricò le quattro scatole di legno, rotonde, e salì su un tre- no diretto al sud. Dopo undici ore di viaggio, appena usciti da un paese che si chiamava Eberfeld, il treno si fermò per fare scorta d'acqua. Hervé Joncour si guardò intorno. Picchiava un sole *estivo* sui campi di grano, e 20
su tutto il mondo. Seduto di fronte a lui c'era un com- merciante russo: si era tolto le scarpe e si faceva aria

cartone, scatola di carta spessa
avvolgere, volgere intorno
quintale, unità di misura pari a 100 kg
scaricare, togliere, vuotare
estivo, da estate

con l'ultima pagina di un giornale scritto in tedesco.
Hervé Joncour si mise a fissarlo. Il russo disse qualcosa, ridendo. Hervé Joncour gli sorrise, si alzò, prese i
bagagli e scese dal treno. Lo risalì fino all'ultima car-
5   rozza, che *trasportava* pesci e carni, conservate nel
ghiaccio. Aprì il *portellone* e salì sul carro, e una dopo
l'altra prese le sue scatole di legno, rotonde, le portò
fuori e le posò per terra. Poi richiuse il portellone, e si
mise ad aspettare. Quando il treno fu pronto per par-
10 tire gli urlarono di sbrigarsi e di salire. Lui rispose
scuotendo il capo, e accennando un gesto di saluto.
Vide il treno allontanarsi, e poi sparire. Aspettò di
non sentire neppure più il rumore. Poi si chinò su una
delle scatole di legno e la aprì. Fece lo stesso con le
15 altre tre. Lentamente, con cura.

Milioni di larve. Morte.

Era il 6 maggio 1865.

51.

Hervé Joncour entrò a Lavilledieu nove giorni più tardi. Sua moglie Hélène vide da lontano la carrozza risa-
20 lire il viale della villa. Si disse che non doveva piangere e che non doveva fuggire.

Scese fino alla porta di ingresso, la aprì e si fermò.

Quando Hervé Joncour le arrivò vicino, sorrise. Lui
abbracciandola, le disse piano
25 – Resta con me, ti prego.

La notte rimasero svegli fino a tardi, seduti nel prato

trasportare, portare qualcosa in un luogo
portellone, porta in un'automobile o un treno

davanti alla casa, uno accanto all'altra. Hélène raccontò di Lavilledieu, e di tutti quei mesi passati ad aspettare, e degli ultimi giorni, orribili.

– Tu eri morto.

Disse.   5

– E non c'era più niente di bello, al mondo.

52.

A Lavilledieu, la gente guardava i gelsi, carichi di foglie, e vedeva la propria *rovina*. Baldabiou aveva trovato alcune partite di uova, ma le larve morivano appena venivano alla luce. La seta che si riuscì a otte- 10 nere bastava appena a dare lavoro a due delle sette filande del paese.

– Hai qualche idea? –, chiese Baldabiou.

– Una –, rispose Hervé Joncour.

Il giorno dopo comunicò che voleva costruire, in 15 quei mesi d'estate, il parco della sua villa. Assunse uomini e donne, in paese, a decine. Con fiori di ogni tipo costruirono giardini che si aprivano come radure, a sorpresa, nel cuore di piccoli boschi. Fecero arrivare l'acqua, dal fiume, e la fecero scendere, di *fontana* in 20 fontana, fino al limite occidentale del parco, dove si raccoglieva in un piccolo lago, circondato da prati. A sud, in mezzo ai *limoni* e agli *ulivi*, costruirono una grande voliera, fatta di legno e ferro.

Lavorarono per quattro mesi. Alla fine di settembre 25

---

rovina, disgrazia
fontana, costruzione da dove esce l'acqua
limone, albero di limoni, frutti gialli non dolci
ulivo, albero di olive, dalle quali si ottiene l'olio

il parco fu pronto. Nessuno, a Lavilledieu, aveva mai visto niente di simile. Dicevano che Hervé Joncour ci aveva speso tutto il suo capitale. Dicevano anche che era tornato diverso, forse malato, dal Giappone. Dicevano che aveva venduto le uova agli italiani e adesso aveva un patrimonio in oro che lo aspettava nelle banche a Parigi. Dicevano che se non fosse stato per il suo parco morivano di fame, quell'anno. Dicevano che era un *truffatore*. Dicevano che era un santo. Qualcuno diceva: ha qualcosa addosso, come una specie di *infelicità*.

53.

Tutto ciò che Hervé Joncour disse, sul suo viaggio, fu che le uova si erano dischiusi in un paese vicino a Colonia, e che il paese si chiamava Eberfeld.

Quattro mesi e tredici giorni dopo il suo ritorno, Baldabiou si sedette davanti a lui, sulla riva del lago, al limite occidentale del parco, e gli disse.

– Tanto a qualcuno la dovrai raccontare, prima o poi, la verità.

Lo disse piano, con fatica, perché non credeva, mai, che la verità servisse a qualcosa.

Hervé Joncour alzò lo sguardo verso il parco.

C'era autunno e luce falsa, tutt'intorno.

– La prima volta che vidi Hara Kei indossava una tunica scura, stava seduto immobile, in un angolo della stanza. Sdraiata accanto a lui, col capo appoggiato

truffatore, chi inganna, chi truffa
infelicità, il contrario di felicità

sul suo grembo, c'era una donna. I suoi occhi non avevano un taglio orientale, e il suo volto era il volto di
una ragazzina.

Baldabiou stette ad ascoltare, in silenzio, fino all'ultimo, fino al treno di Eberfeld.

Non pensava nulla.

Ascoltava.

Gli fece male sentire, alla fine, Hervé Joncour dire
piano

– Non ho mai sentito nemmeno la sua voce.

E dopo un po':

– E' uno strano dolore.

Piano.

– Morire di *nostalgia* per qualcosa che non vivrai mai.

Risalirono il parco camminando uno accanto all'altro. L'unica cosa che Baldabiou disse fu

– Ma perché diavolo fa questo freddo?

Lo disse a un certo punto.

54.

All'inizio del nuovo anno – 1866 – il Giappone rese
ufficialmente *lecita* l'*esportazione* di uova di bachi da
seta.

Nel *decennio* seguente la Francia, da sola, doveva
arrivare ad *importare* uova giapponesi per dieci milioni
di franchi.

---

nostalgia, forte desiderio p. es. di rivedere una persona o un luogo
lecito, che è consentito
esportazione, vendita di prodotti all'estero
decennio, periodo di dieci anni
importare, comprare prodotti all'estero

Dal 1869, con l'apertura del Canale di Suez, arrivare in Giappone, peraltro, impiegava non più di venti giorni di viaggio. E poco meno di venti giorni, tornare.

55.

Sei mesi dopo il suo ritorno a Lavilledieu, Hervé Jon-
5 cour ricevette per posta una *busta*. Quando la aprì, vi trovò sette fogli di carta, coperti da scrittura: inchiostro nero: ideogrammi giapponesi. A parte il nome e l'indirizzo sulla busta, non c'era una sola parola scritta in caratteri occidentali. La lettera sembrava provenire
10 da Ostenda.
Hervé Joncour la sfogliò e la osservò a lungo.

busta

56.

Per giorni e giorni Hervé Joncour si tenne la lettera addosso, piegata in due, messa in tasca. Se cambiava vestito, la spostava in quello nuovo. Non la aprì mai
15 per guardarla. Ogni tanto se la girava in mano, mentre parlava con un contadino, o aspettava che arrivasse l'ora di cena seduto sulla veranda. Una sera si mise a osservarla contro la luce della lampada nel suo studio.

| *sfogliare*, scorrere rapidamente p. es. le pagine di un giornale

Sentì arrivare Hélène. Posò la lettera sul tavolo. Lei si avvicinò e come tutte le sere, prima di ritirarsi nella sua stanza, fece per baciarlo. Quando si chinò su di lui, la camicia da notte le si aprì di un nulla, sul petto. Hervé Joncour vide che non aveva niente, sotto, e che 5 i suoi *seni* erano piccoli e bianchi come quelli di una ragazzina.

Per quattro giorni continuò a fare la sua vita, senza cambiare nulla. La mattina del quinto giorno indossò un elegante *completo* grigio e partì per Nîmes. Disse 10 che tornava prima di sera.

57.

In rue Moscat, al 12, tutto era uguale a tre anni prima. La festa non era ancora finita. Le ragazze erano tutte giovani e francesi. Il pianista suonava motivi che sapevano di Russia. Alla fine di ogni pezzo non si passava più la 15 mano destra tra i capelli e non mormoràva, piano,

– Voilà.

Rimaneva muto, a guardarsi le mani.

58.

Madame Blanche lo accolse senza una parola. I capelli neri, lucidi, il volto orientale, perfetto. Piccoli fiori blu 20 alle dita, come fossero anelli. Un vestito lungo, bianco. Piedi nudi.

---

seno, petto di donna
completo, vestito da uomo composto da pantaloni e giacca

Hervé Joncour si sedette di fronte a lei. *Sfilò* da una tasca la lettera.

– Vi ricordate di me?

Madame Blanche *annuì* con un cenno del capo.

5   – Ho di nuovo bisogno di voi.

Le porse la lettera. Lei non aveva nessuna ragione per farlo, ma la prese e la aprì. Guardò i sette fogli, uno ad uno, poi alzò lo sguardo verso Hervé Joncour.

– Io non amo questa lingua, monsieur. La voglio
10 dimenticare, e voglio dimenticare quella terra, e la mia vita laggiù, e tutto.

Hervé Joncour rimase immobile nella sua poltrona.

– Io leggerò per voi questa lettera. Io lo farò. E non voglio denaro. Ma voglio una promessa: non tornate
15 mai più a chiedermi questo.

– Ve lo prometto, madame.

Lei lo guardò fisso negli occhi. Poi abbassò lo sguardo sulla prima pagina della lettera, carta di riso, inchiostro nero.

20   – Mio signore amato

Disse

– non aver paura, non muoverti, resta in silenzio, nessuno ci vedrà.

59.

Rimani così, ti voglio guardare, io ti ho guardato tanto ma
25 non eri per me, adesso sei per me, non avvicinarti, ti prego, resta come sei, abbiamo una notte per noi, e io voglio

---

sfilare, tirare fuori, togliere
annuire, fare cenno di sì col capo

guardarti, non ti ho mai visto così, il tuo corpo per me, la tua pelle, chiudi gli occhi, e accarezzati, ti prego.

disse Madame Blanche, Hervé Joncour ascoltava, non aprire gli occhi se puoi, e accarezzati, sono così belle le tue mani, le ho sognate tante volte adesso le voglio 5 vedere, mi piace vederle sulla tua pelle, così, ti prego continua, non aprire gli occhi, io sono qui, nessuno ci può vedere e io sono vicina a te, accarezzati signore amato mio, accarezza il tuo sesso, ti prego, piano.

lei si fermò. Continuate, vi prego, lui disse, 10 è bella la tua mano sul tuo sesso, non smettere, a me piace guardarla e guardarti, signore amato mio, non aprire gli occhi, non ancora, non devi aver paura son vicina a te, mi senti? sono qui, ti posso sfiorare, è seta questa, la senti? è la seta del mio vestito, non aprire gli occhi e avrai la mia pelle, 15

lei disse, leggeva piano, con una voce da donna bambina,
avrai le mie labbra, quando ti toccherò per la prima volta sarà con le mie labbra, tu non saprai dove, a un certo punto sentirai il *calore* delle mie labbra, addosso, non puoi 20 sapere dove se non apri gli occhi, non aprirli, sentirai la mia bocca dove non sai, d'improvviso,

lui ascoltava immobile
lei disse, aveva il capo piegato sui fogli, e una mano a sfiorarsi il collo, lentamente, 25

lui ascoltava,
finché alla fine ti bacerò sul cuore, perché ti voglio, e con il cuore tra le mie labbra tu sarai mio, davvero, con la mia bocca nel cuore tu sarai mio, per sempre, se non mi credi apri gli occhi signore mio e guardami, sono io, chi potrà 30 mai cancellare questo istante che accade, e questo mio

---

calore, il caldo

corpo senza più seta, le tue mani che lo toccano, i tuoi *occhi che lo guardano,*

lei disse, si era chinata verso la lampada, la luce batteva sui fogli,

5 la tua lingua sulle mie labbra, le tue mani sul mio volto, le tue dita nella mia bocca, il piacere nei tuoi occhi, la tua voce, ti muovi lentamente ma fino a farmi male, il mio piacere, la mia voce,

lui ascoltava, a un certo punto si voltò a guardarla,
10 la vide, voleva abbassare gli occhi ma non ci riuscì,

il mio corpo sul tuo, le tue braccia che non mi lasciano andare, i colpi dentro di me, vedo i tuoi occhi cercare nei miei, vogliono sapere fino a dove farmi male, fino a dove vuoi, signore amato mio, non c'è fine, non finirà, lo vedi?
15 nessuno potrà cancellare questo istante che accade, per sempre getterai la testa all'indietro, gridando, per sempre chiuderò gli occhi, la mia voce dentro la tua, la tua violenza a tenermi stretta, non c'è più tempo per fuggire e forza per resistere, doveva essere questo istante, e que-
20 sto istante è, credimi, signore amato mio, quest'istante sarà, da adesso in poi, sarà, fino alla fine,

lei disse, con un filo di voce, poi si fermò.

Non c'erano altri segni, sul foglio che aveva in mano: l'ultimo. Ma quando lo girò per posarlo vide sul
25 *retro* alcune righe ancora, ordinate, inchiostro nero nel centro della pagina bianca. Alzò lo sguardo su Hervé Joncour. I suoi occhi la fissavano, e lei capì che erano occhi bellissimi. Riabbassò lo sguardo sul foglio.

– Noi non ci vedremo più, signore.
30 Disse.

– Quel che era per noi, l'abbiamo fatto, e voi lo sapete.

| *retro*, la parte dietro

74

Credetemi: l'abbiamo fatto per sempre. E non esitate un attimo, se sarà utile per la vostra felicità, a dimenticare questa donna che ora vi dice, senza rimpianto, addio.

Rimase per un po' a guardare il foglio, poi lo pose sugli altri, accanto a sé, su un tavolino di legno chiaro. Hervé Joncour non si mosse. Solo girò il capo e abbassò gli occhi.

Madame Blanche si alzò, si chinò sulla lampada e la spense. Nella stanza rimase la poca luce che dal salone, attraverso la finestra, arrivava fin lì. Si avvicinò a Hervé Joncour, si sfilò dalle dita un anello di minuscoli fiori blu e lo appoggiò accanto a lui. Poi attraversò la stanza, aprì una piccola porta dipinta, nascosta nella parete, e sparì, lasciandola socchiusa, dietro di sé.

Hervé Joncour rimase a lungo in quella strana luce, a girare fra le dita un anello di minuscoli fiori blu.

Alla fine si alzò, si avvicinò al tavolino di legno chiaro, raccolse i sette fogli di carta di riso. Attraversò la stanza, passò senza voltarsi davanti alla piccola porta socchiusa, e se ne andò.

60.

Hervé Joncour trascorse gli anni che seguirono scegliendo per sé la vita *limpida* di un uomo senza più necessità. A Lavilledieu la gente tornò ad ammirarlo, perché in lui pareva loro di vedere un modo **esatto** di stare al mondo. Dicevano che era così anche da giovane, prima del Giappone.

Con sua moglie Hélène prese l'abitudine di compiere, ogni anno, un piccolo viaggio. Videro Napoli,

| *limpido*, chiaro e puro

Roma, Madrid, Monaco, Londra. Un anno si spinsero fino a Praga, dove tutto sembrava: teatro. Viaggiavano senza date e senza programmi. Tutto li *stupiva*: in segreto, anche la loro felicità. Quando sentivano nostalgia del silenzio, tornavano a Lavilledieu.

Se glielo chiedevano, Hervé Joncour rispondeva che volevano vivere così, per sempre. Aveva con sé quella *quiete* degli uomini che si sentono al loro posto. Ogni tanto, nelle giornate di vento, scendeva attraverso il parco fino al lago, e si fermava per ore, sulla riva, a guardare la superficie dell'acqua. Era uno solo, il vento: ma su quello specchio d'acqua, sembravano mille, a *soffiare*. Da ogni parte. Uno spettacolo. Lieve e inspiegabile.

Ogni tanto, nelle giornate di vento, Hervé Joncour scendeva fino al lago e passava ore a guardarlo, poiché, disegnato sull'acqua, gli pareva di vedere l'inspiegabile spettacolo, lieve, che era stata la sua vita.

61.

Il 16 giugno1871, nel retro del caffè di Verdun, poco prima di mezzogiorno, il monco vinse. Baldabiou rimase chino sul tavolo, una mano dietro la schiena, *incredulo*.

– Ma dài.

Si alzò, e uscì senza salutare. Tre giorni dopo partì. Regalò le sue due filande a Hervé Joncour.

---

stupire, riempire di meraviglia, di stupore
quiete, calma
soffiare, spingere con forza aria fuori dalla bocca
incredulo, che non crede

– Non ne voglio più sapere di seta, Baldabiou,

– Vendile, *idiota*.

Nessuno riuscì a fargli dire dove diavolo avesse in mente di andare. E a farci cosa, poi. Lui disse soltanto qualcosa su Sant'Agnese che nessuno capì bene.   5

Il mattino in cui partì, Hervé Joncour lo accompagnò, insieme a Hélène, fino alla stazione di Avignon. Aveva con sé una sola valigia, e anche questo era inspiegabile. Quando vide il treno, posò la valigia per terra.   10

– Una volta ho conosciuto uno che si era fatto costruire una *ferrovia* tutta per lui.

Disse.

– E il bello è che se l'era fatta fare tutta dritta, centinaia di chilometri senza una curva. C'era anche un   15 perché, ma non me lo ricordo. Non si ricordano mai i perché. Comunque: addio.

Non era molto tagliato, per i discorsi seri. E un addio è un discorso serio.

Lo videro allontanarsi, lui e la sua valigia, per sem-   20 pre.

Allora Hélène fece una cosa strana. Si staccò da Hervé Joncour e gli corse dietro, fino a raggiungerlo, e lo abbracciò, forte, e mentre lo abbracciava scoppiò a piangere.   25

Non piangeva mai, Hélène.

Hervé Joncour vendette a prezzo ridicolo le due filande a Michel Lariot, un buon uomo che per vent'anni aveva giocato a domino, ogni sabato sera, con Baldabiou, perdendo sempre. Aveva tre figlie. Le   30

---

idiota, stupido
ferrovia, strada di binari su cui vanno i treni

prime due si chiamavano Florence e Sylvie. Ma la terza: Agnese.

62.

Tre anni dopo, nell'inverno del 1874, Hélène si ammalò di una febbre *cerebrale* che nessun medico riuscì a spiegare, né a curare. Morì agli inizi di marzo, un giorno che pioveva.

Ad accompagnarla, in silenzio, su per il viale del cimitero, venne tutta Lavilledieu: perché era una donna lieta, che non aveva seminato dolore.

Hervé Joncour fece scrivere sulla sua tomba una sola parola.

Hélas.

Ringraziò tutti, disse mille volte che non gli serviva nulla, e ritornò nella sua casa. Mai gli era sembrata così grande: e mai così *illogico* il suo destino.

Poiché la disperazione era un *eccesso* che non gli apparteneva, si chinò su quanto era rimasto della sua vita, e riiniziò a prendersene cura.

63.

Due mesi e undici giorni dopo la morte di Hélène accadde a Hervé Joncour di recarsi al cimitero, e di trovare, accanto alle rose, che ogni settimana posava sulla tomba della moglie, dei minuscoli fiori blu. Si chinò

cerebrale, del cervello
illogico, che o chi è senza ragione
eccesso, una cosa esagerata

a osservarli, e a lungo rimase in quella posizione. Tornato a casa, non uscì a lavorare nel parco, come era sua abitudine, ma rimase nel suo studio, a pensare. Non fece altro, per giorni. Pensare.

64.

In rue Moscat al 12, trovò il negozio di un *sarto*. Gli dissero che Madame Blanche non viveva più lì da anni. Riuscì a sapere che si era *trasferita* a Parigi.

Hervé Joncour andò a Parigi.

Ci mise sei giorni a scoprire dove viveva. Le *invio* un biglietto, chiedendole di essere ricevuto. Lei rispose che lo aspettava, alle quattro del giorno dopo. *Puntuale*, lui salì al secondo piano di un elegante palazzo in Boulevard des Capucines. Gli aprì la porta una cameriera. Lo condusse nel salotto e lo pregò di accomodarsi. Madame Blanche arrivò vestita di un abito molto elegante e molto francese. Aveva i capelli che le scendevano sulle spalle, come voleva la moda parigina. Non aveva anelli di fiori blu, nelle dita. Si sedette di fronte a Hervé Joncour, senza una parola. E rimase ad aspettare.

Lui la guardò negli occhi. Ma come poteva farlo un bambino.

– L'avete scritta voi, vero, quella lettera?

Disse.

– Hélène vi ha chiesto di scriverla e voi l'avete fatto.

---

sarto, chi cuce abiti
trasferirsi, andare a vivere in un altro luogo
inviare, mandare
puntuale, preciso

Madame Blanche rimase immobile, senza abbassare lo sguardo, senza tradire il minimo stupore.

Poi quel che disse fu

– Non sono stata io, a scriverla.

5   Silenzio.

– Quella lettera la scrisse Hélène.

Silenzio.

– L'aveva già scritta quando venne da me. Mi chiese di scriverla, in giapponese. E io lo feci. E' la verità.

10   Hervé Joncour capì in quell'istante che doveva continuare a sentire quelle parole per tutta la vita. Si alzò, ma rimase fermo, in piedi, come se avesse d'improvviso dimenticato dove stava andando. Gli arrivò come da lontano la voce di Madame Blanche.

15   – Volle anche leggermela, quella lettera. Aveva una voce bellissima. E leggeva quelle parole con un'*emozione* che non sono mai riuscita a dimenticare. Era come se fossero, davvero, sue.

Hervé Joncour stava attraversando la stanza, a passi 20 lentissimi.

– Sapete, **monsieur**, io credo che lei desiderava, più di ogni altra cosa, **essere quella donna**. Voi non lo potete capire. Ma io l'ho sentita leggere quella lettera. Io so che è così.

25   Hervé Joncour era arrivato davanti alla porta. Senza voltarsi, disse piano

– Addio, **madame**.

Non si videro mai più.

---

emozione, sentimento molto intenso

65.

Hervé Joncour visse ancora ventitre anni, la maggior parte dei quali in *serenità* e buona salute. Non si allontanò più da Lavilledieu, né abbandonò, mai, la sua casa. Amministrava bene i suoi *averi*, e ciò lo tenne per sempre al riparo da qualsiasi lavoro che non fosse la cura del proprio parco. Col tempo iniziò a concedersi un piacere che prima si era sempre negato: a coloro che andavano a trovarlo, raccontava dei suoi viaggi. Ascoltando, la gente di Lavilledieu imparava il mondo e i bambini scoprivano cos'era la meraviglia. Lui raccontava piano, guardando nell'aria cose che gli altri non vedevano.

serenità, l'essere senza pensieri scuri
averi, patrimonio

La domenica si spingeva in paese, per la Messa grande. Una volta l'anno faceva il giro delle filande per toccare la seta appena nata. Quando la solitudine gli stringeva il cuore, saliva al cimitero, a parlare con Hélène. Il resto del suo tempo lo consumava in abitudini che riuscivano a difenderlo dall'infelicità. Ogni tanto, nelle giornate di vento, scendeva fino al lago e passava ore a guardarlo, poiché, disegnato sull'acqua, gli pareva di vedere l'inspiegabile spettacolo, lieve, che era stata la sua vita.

Domande

Quale mestiere fa Hervé Joncour?

Di che nazionalità è Hervé Joncour?

Fornisci una descrizione del villaggio di Hervé Joncour.

Per quale motivo Hervé Joncour deve andare in Giappone?

Come fa Hervé Joncour ad arrivare in Giappone?

Quante volte Hervé Joncour si reca in Giappone?

Come si chiama la moglie di Hervé Joncour?

Che cos'ha di molto bello la moglie?

Chi incontra Hervé Joncour in Giappone?

Cosa accade la terza volta che Hervé Joncour si reca in Giappone?

Cosa accade con le uova di baco da seta l'ultima volta che Hervé Joncour torna dal Giappone?

Per quale motivo Hervé Joncour va a trovare Madame Blanche?

Come fa Hervé Joncour ad aiutare la gente del suo villaggio che non può più produrre seta?

Attività

1. Falso o vero?

Hervé Joncour ha 35 anni nel 1861.

Hervé Joncour torna nel mese di aprile in Francia dopo il primo viaggio.

La moglie di Hervé Joncour ha i capelli rossi.

Gli occhi della donna di cui s'innamora Hervé Joncour non hanno il taglio orientale.

Quando Hervé Joncour va in Giappone passa per Londra.

Hervé Joncour e sua moglie fanno un viaggio e visitano Napoli, Roma, Madrid, Monaco, Londra.
Verdun è un negozio.
Hervé Joncour si reca 7 volte in Giappone.
Hervé Joncour ha un figlio maschio.

2. Inserisci la parola giusta nella frase giusta senza guardare il testo del libro;
dopo puoi controllare leggendo il testo del libro:

guerra • quelle • inglesi • alla • pipa • di • le • caffè • a • sedettero

Baldabiou arrivò ... casa di Hervé Joncour di primo mattino. Si ... sotto il portico.
– Non è un granché come parco.
– Non ho ancora iniziato ... costruirlo, Baldabiou.
– Ah, ecco.
Baldabiou non fumava mai, al mattino. Tirò fuori la ... , la *caricò* e la accese.
– Ho conosciuto quel Pasteur. Mi ha fatto vedere. E' in grado ... riconoscere le uova malate da quelle sane. Non ... sa curare, certo. Ma può isolare ... sane. E dice che probabilmente un trenta per cento di quelle che produciamo lo sono.
Pausa.
– Dicono che in Giappone sia scoppiata la ..., questa volta davvero. Gli ... danno le armi al governo, gli olandesi ai ribelli. Pare che siano d'accordo.
Pausa.
– Ce n'è ancora di caffè?
Hervé Joncour gli versò del ....

3. Trova gli errori di scrittura; dopo aver trovato gli errori, controlla nel testo al cap. 43.

Il 10 otobre 1864, Hervé Joncour partì per il suo quarto viagio in Giappone. Varcò il confine francese vicino a Metz, atraversò il Württemberg e la Baviera, entrò in Austria, ragiunse in treno Vienna e Budapest per poi prosseguire fino a Kiev. Percorse a cavallo duemila chilometri di steppa russa, superò gli Urali, entrò in Siberia, viaggiò per quaranta giorni fino a ragiungere il lago Bajkal, che la gente del luogo chiamava: il santo. Ridiscese il corso del fiume Amur, costegiando il confine cinese all'Oceano, e quando arivò all'Oceano si fermò nel porto di Sabirk per oto giorni, finché una nave di contrabandieri olandesi non lo portò a Capo Teraya, sulla costa ovest del Giappone. A cavallo, percorendo strade secondarie, attraversò le province di Ishikawa, Toyama, Niigata, ed entrò in quela di Fukushima. Quando giunse a Shirakawa trovò la città semidistrutta. Aggirò la città dal lato est e attese invano per cinque giorni il servo di Hara Kei. All'alba del sesto giorno partì verso le colline, in direzione nord. Aveva poche carte e quel che gli rimaneva dei suoi ricordi. Girò per giorni, fino a quando non ricconobbe un fiume, e poi un bosco, e poi una strada. Alla fine della strada trovò il villaggio di Hara Kei: complettamente bruciato: case, alberi, tutto.

Qual'è la forma dell'infinito dei seguenti verbi:

spinse _____

smesso _____

comprese _____

rimase _____

scese _____

vide _____

divertì _____

riconobbe _____

Metti i seguenti verbi al passato remoto (3° persona singolare):

volere _____

stare _____

decidere _____

aspettare _____

sorridere _____

nascondere _____

essere _____

dire _____

raggiungere _____

Potete trovare altri esercizi su
www.easyreader.dk